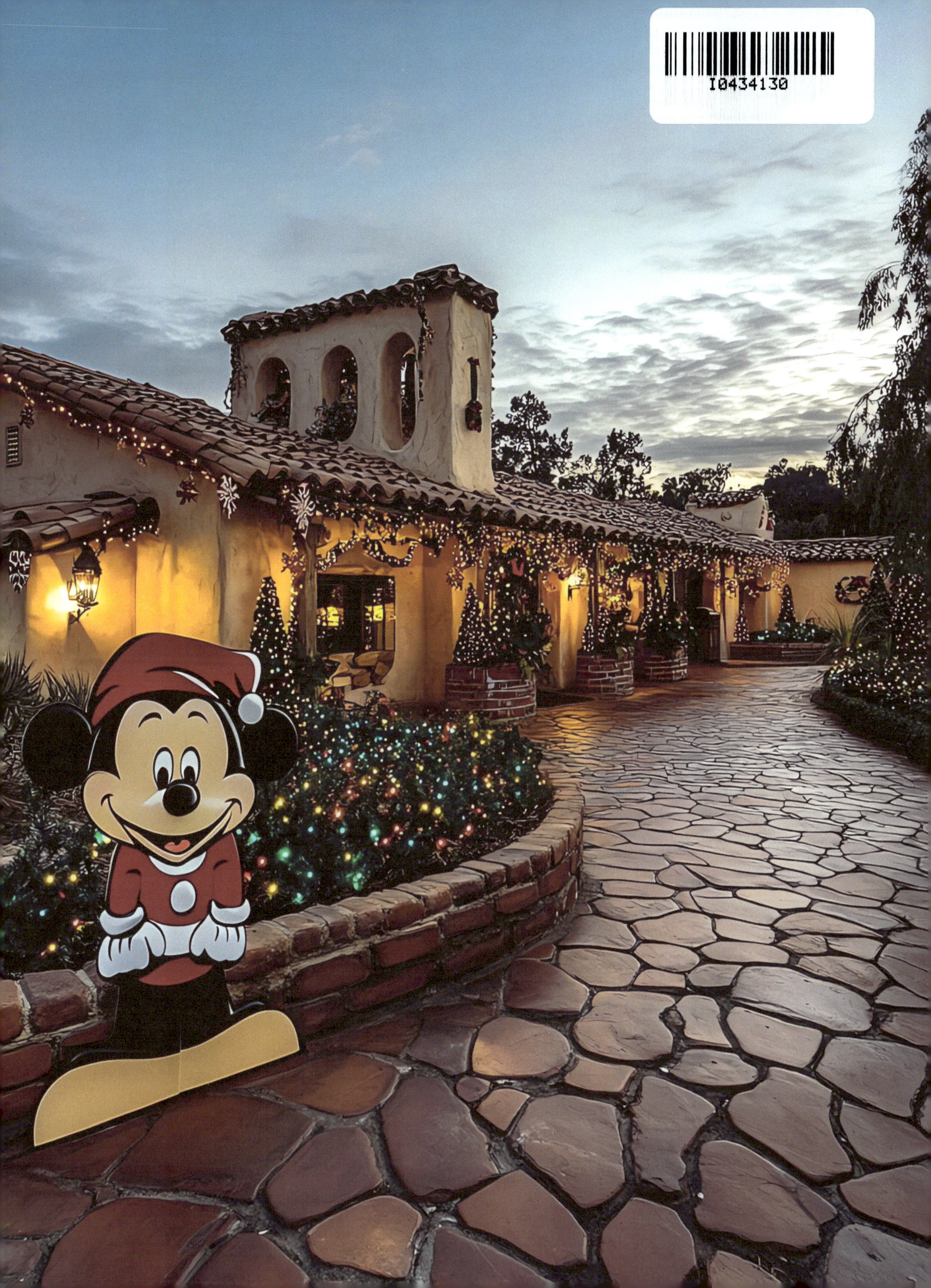

I0434130

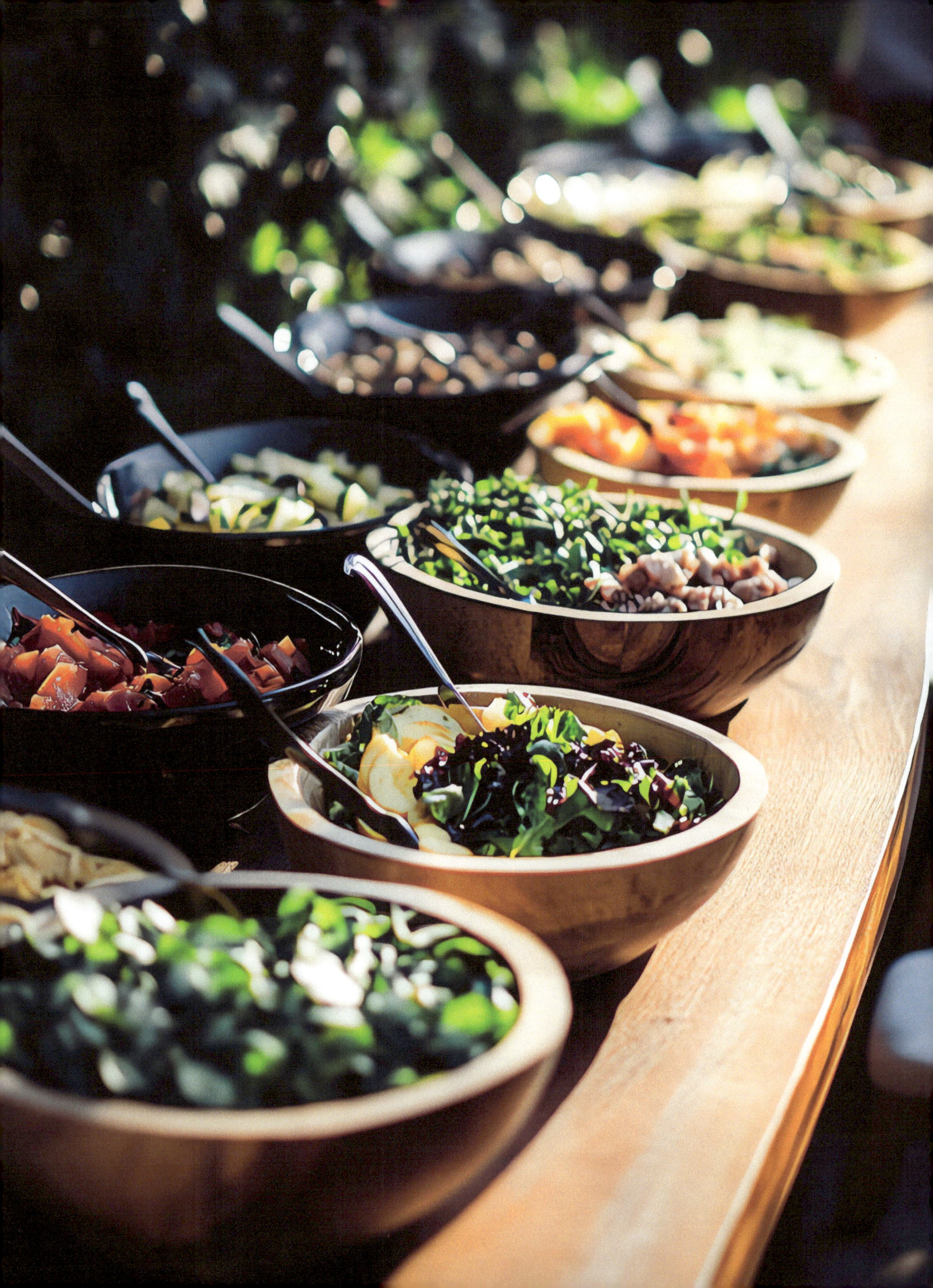

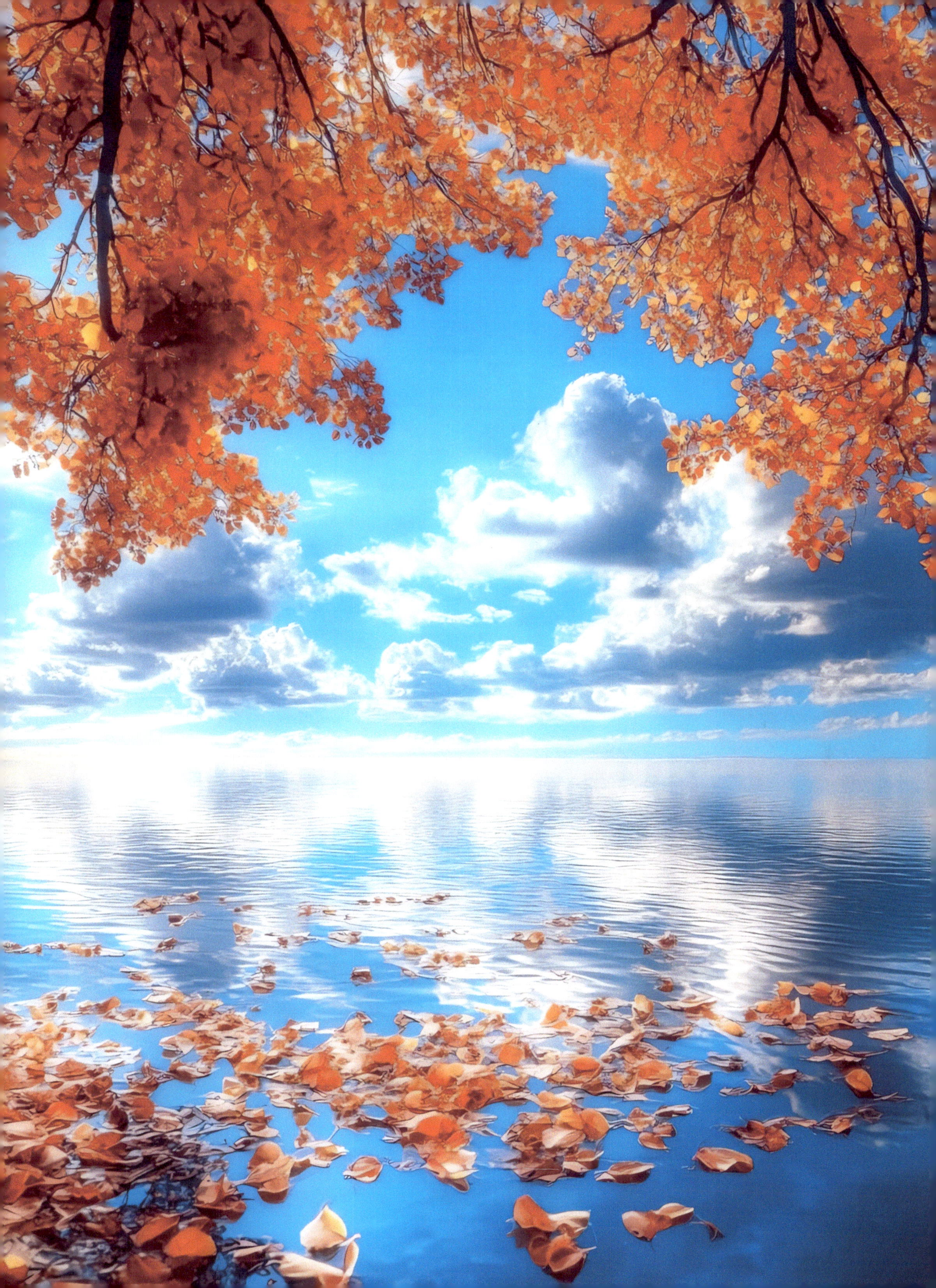

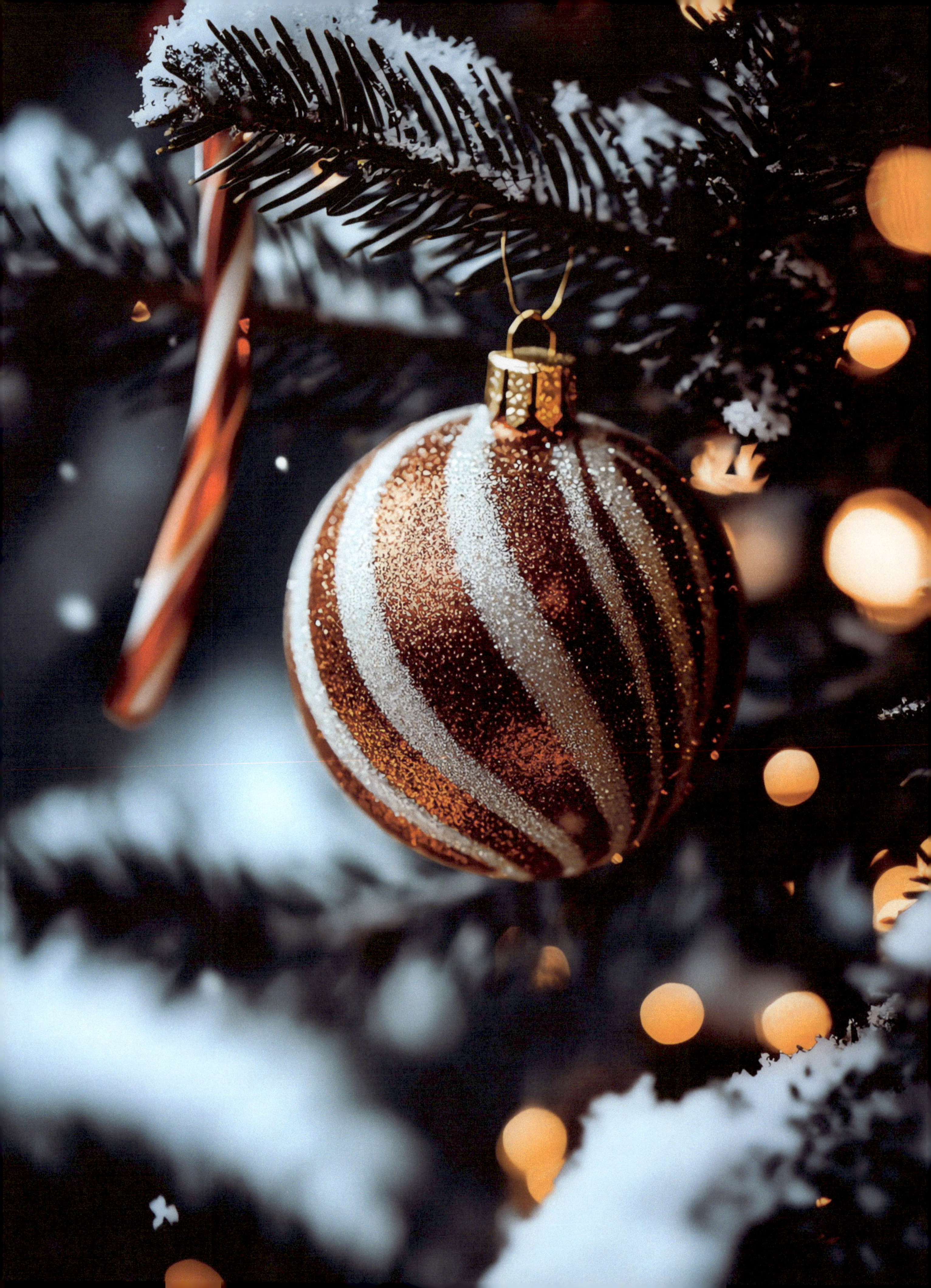

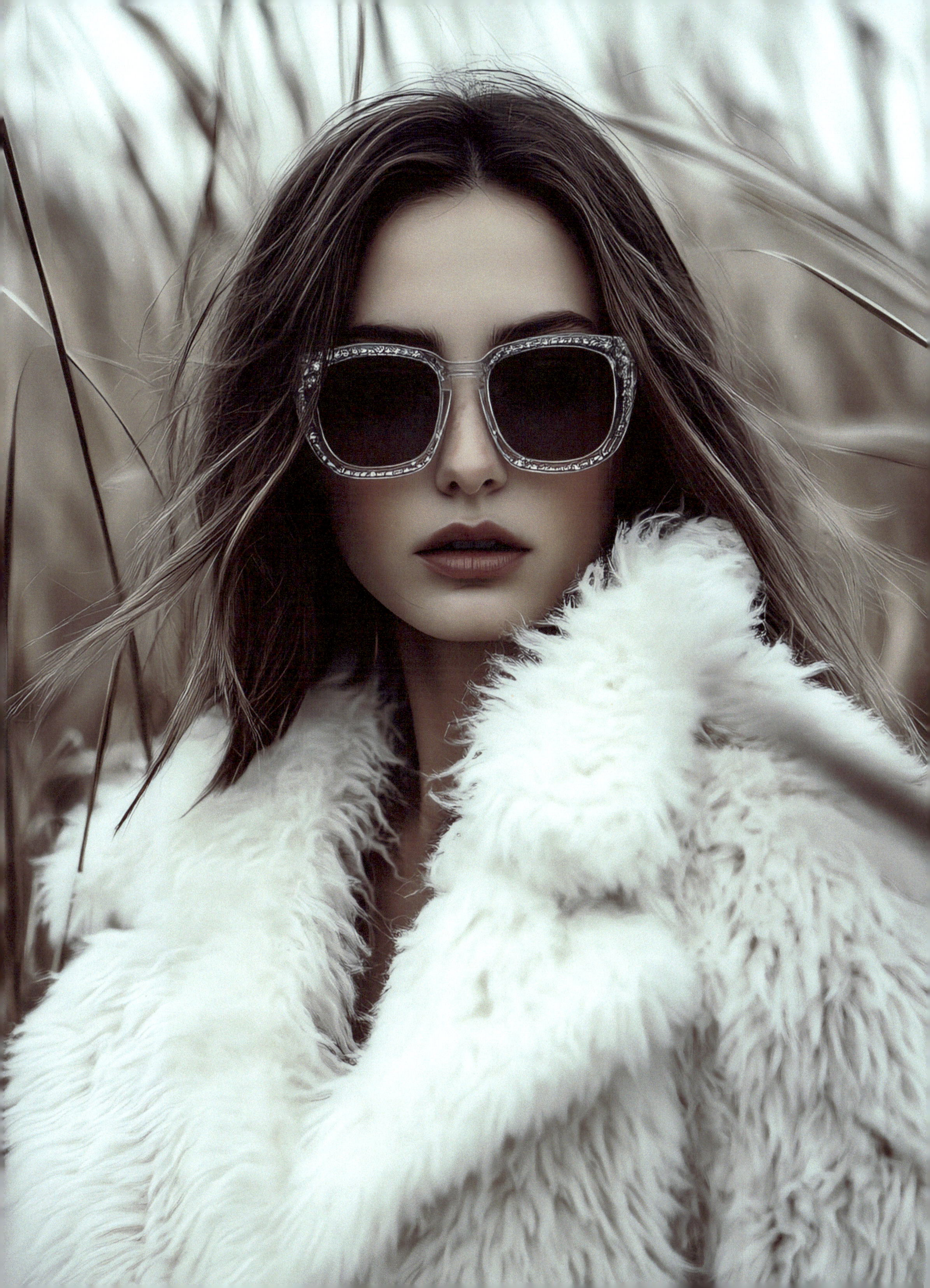

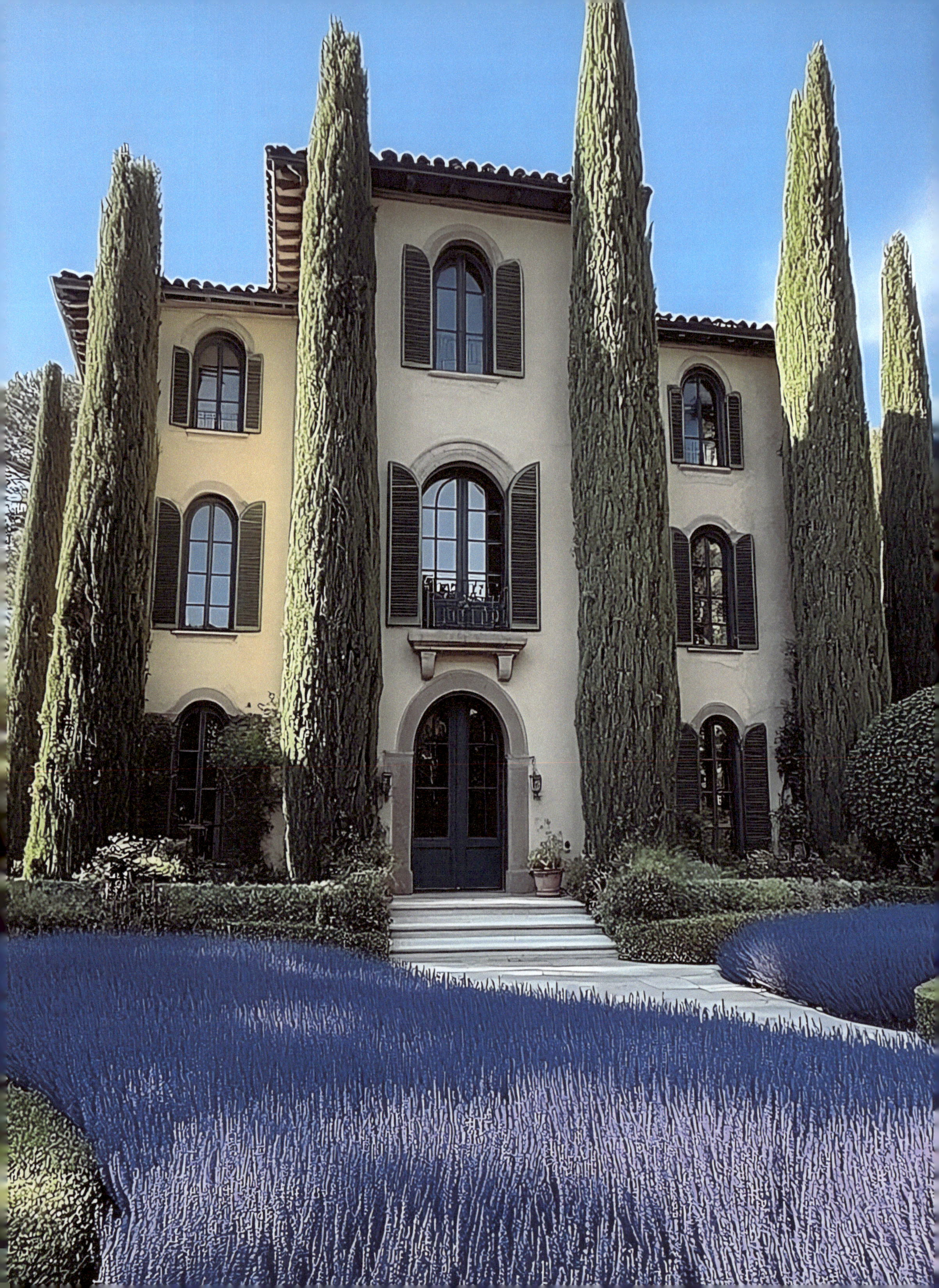

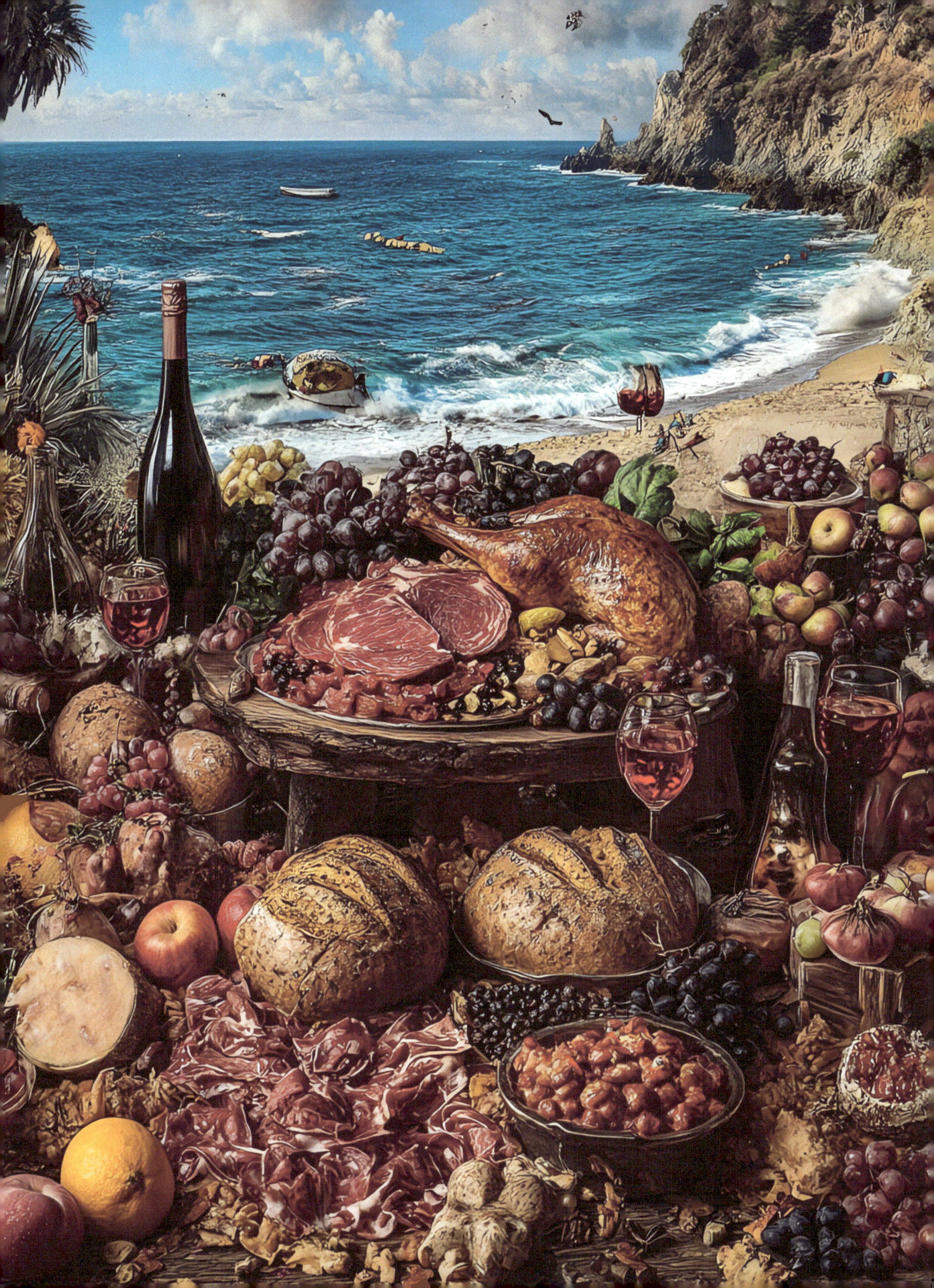

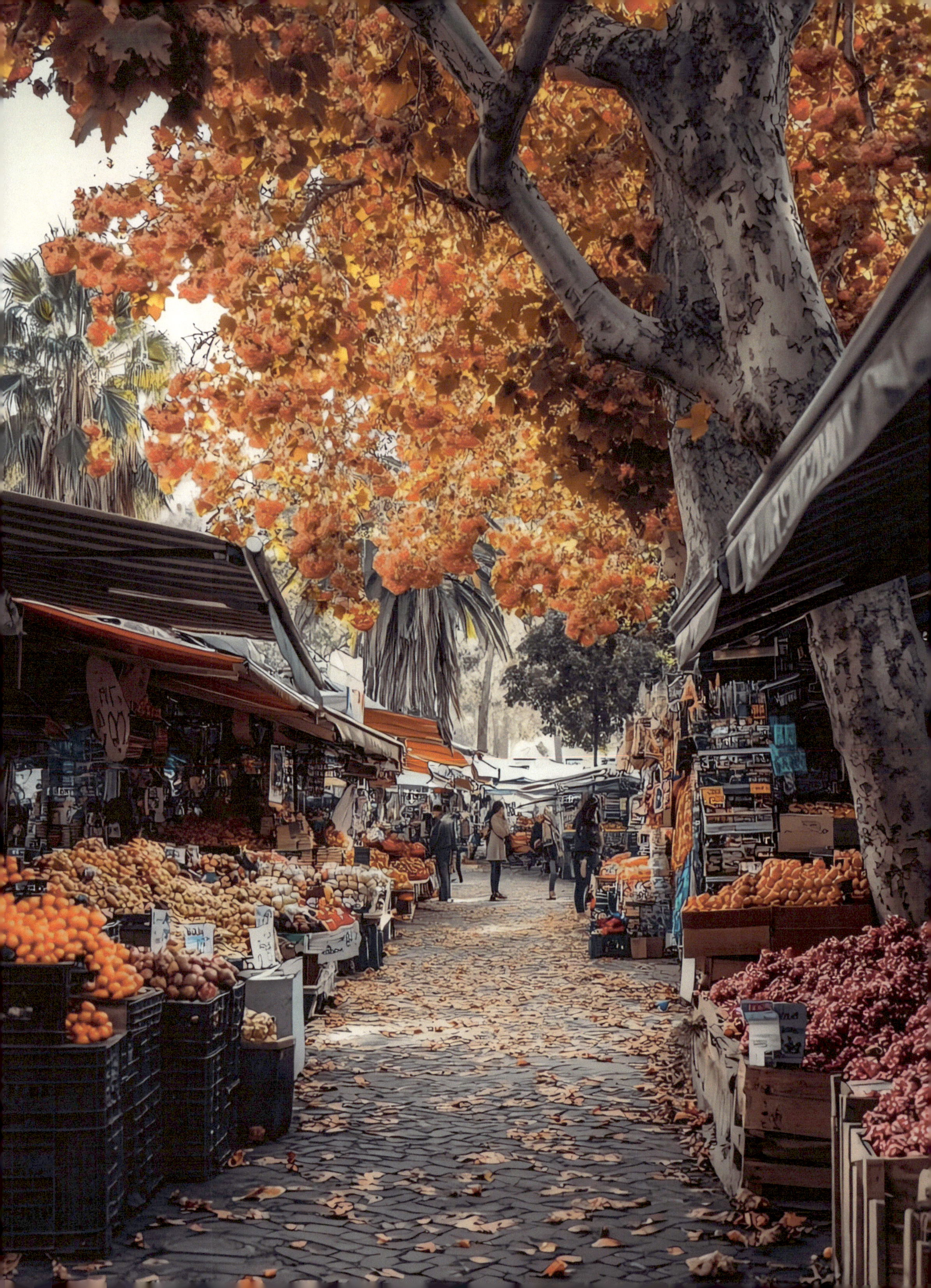

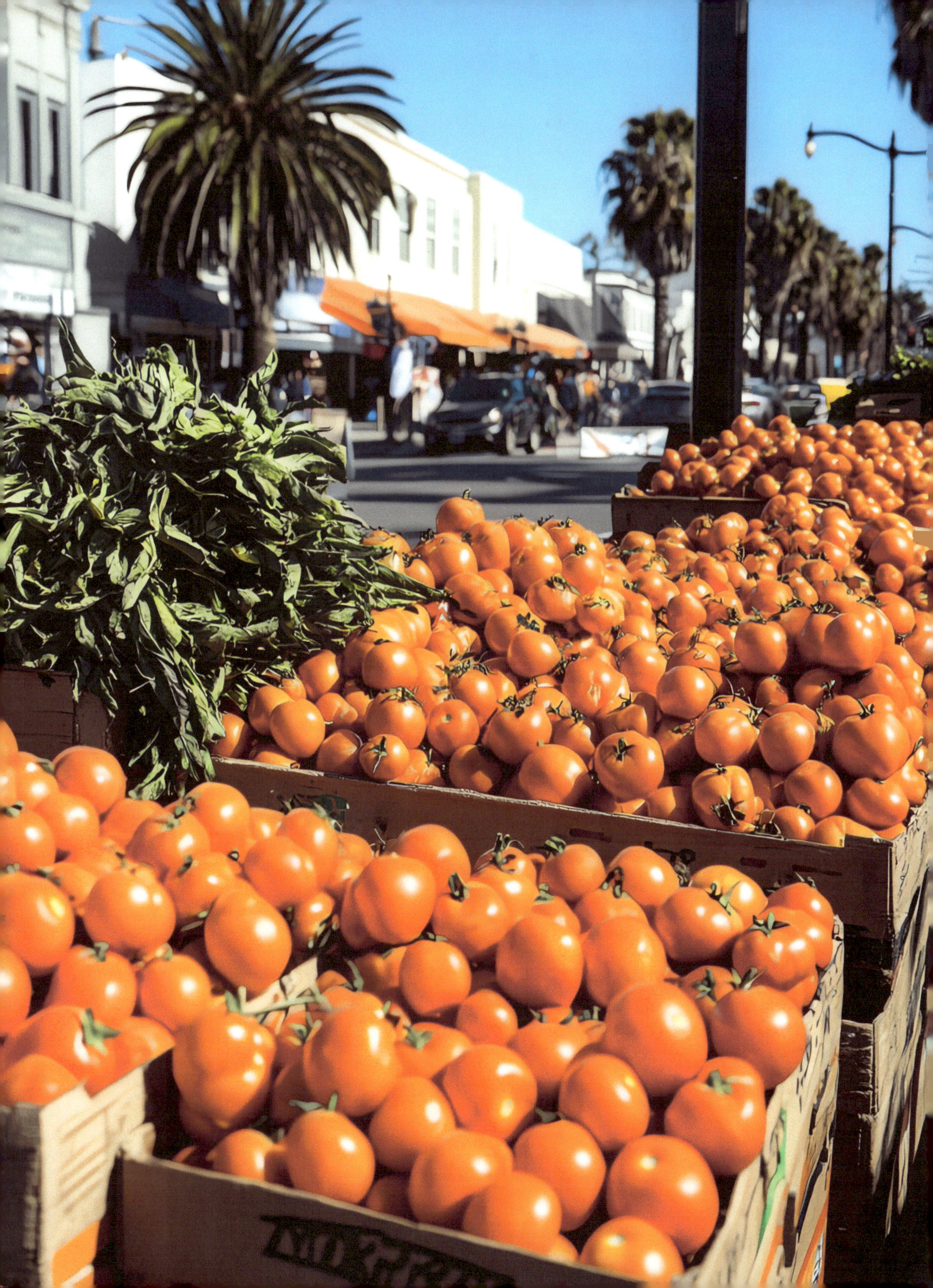

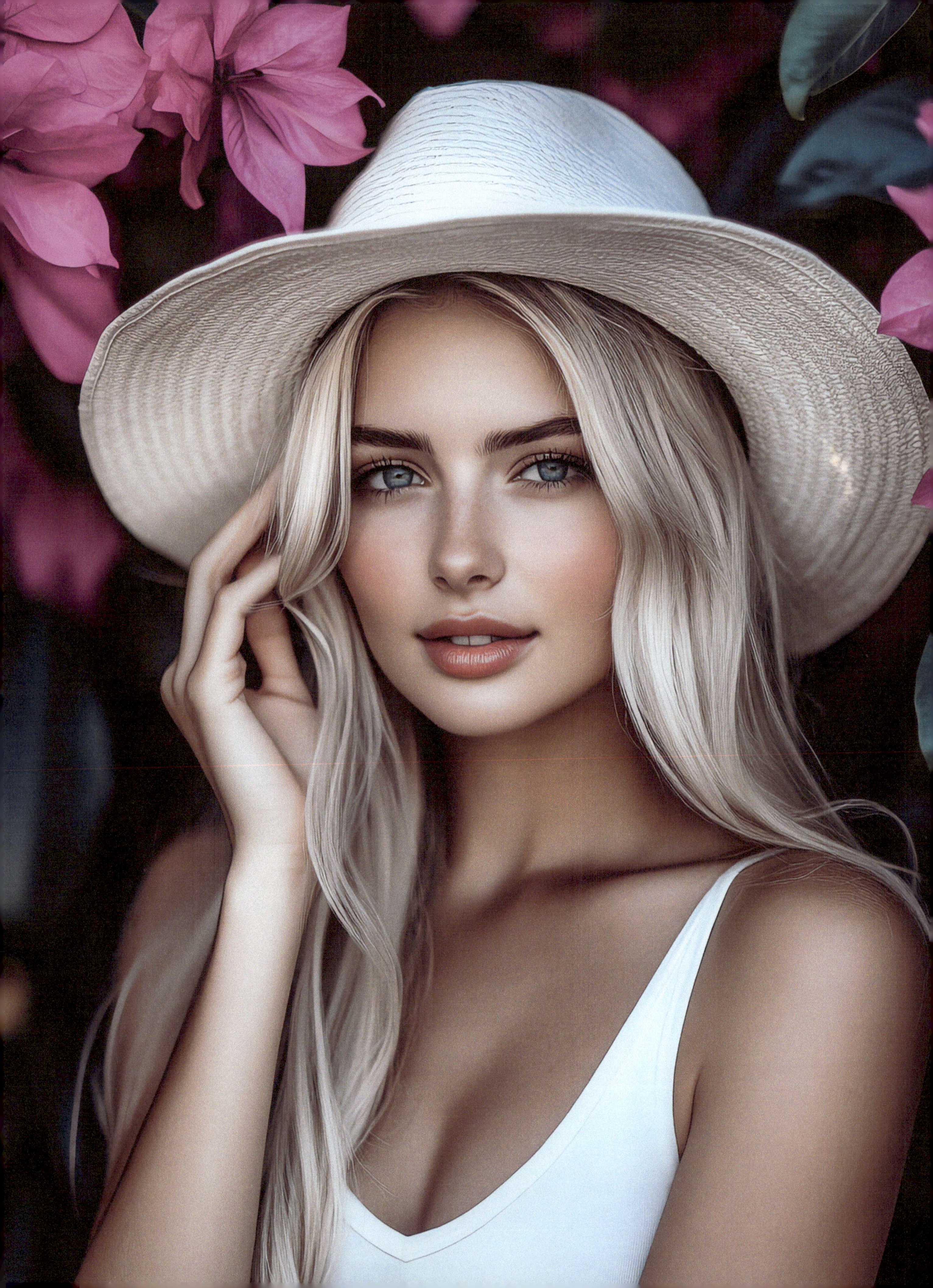

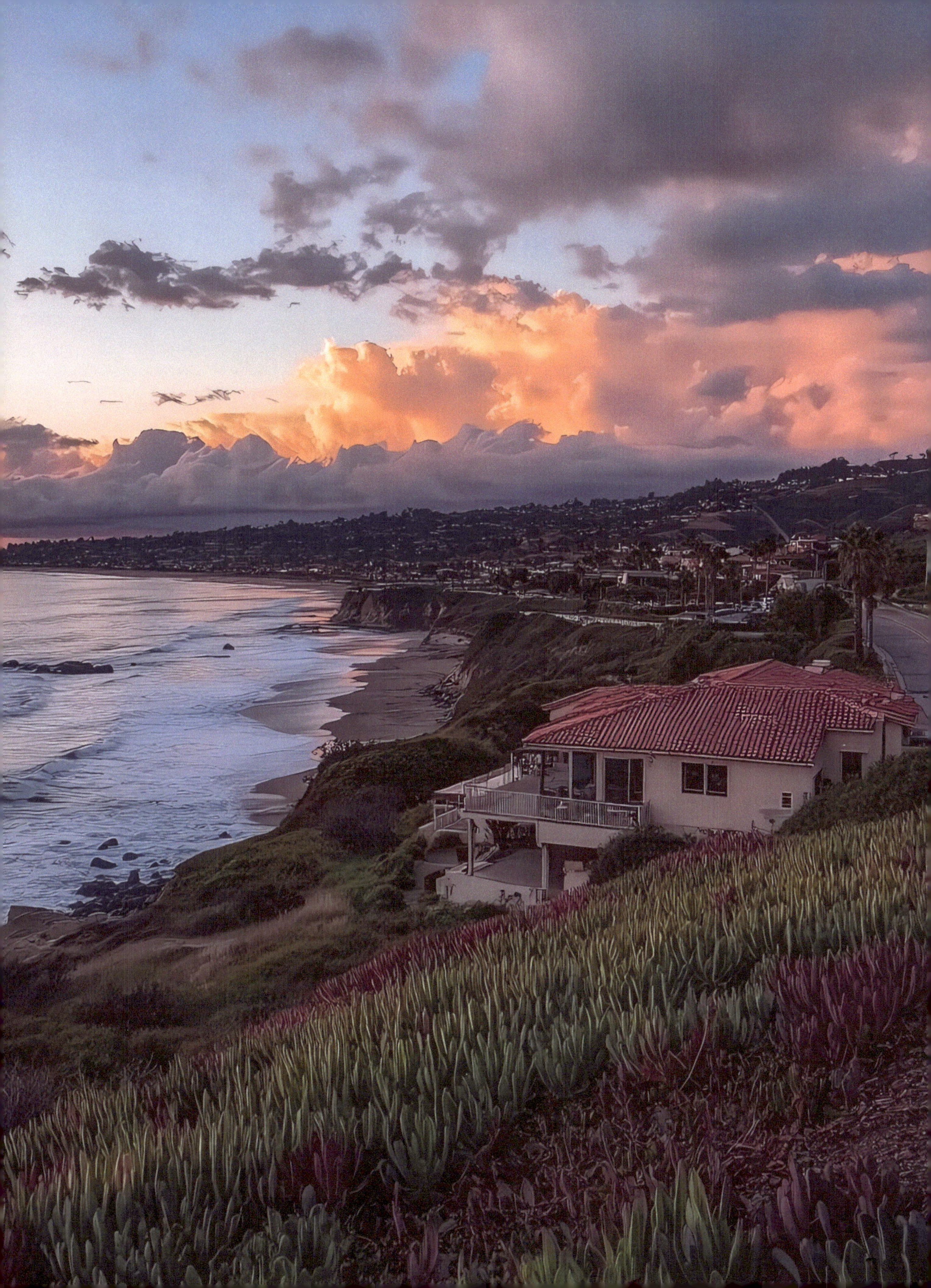

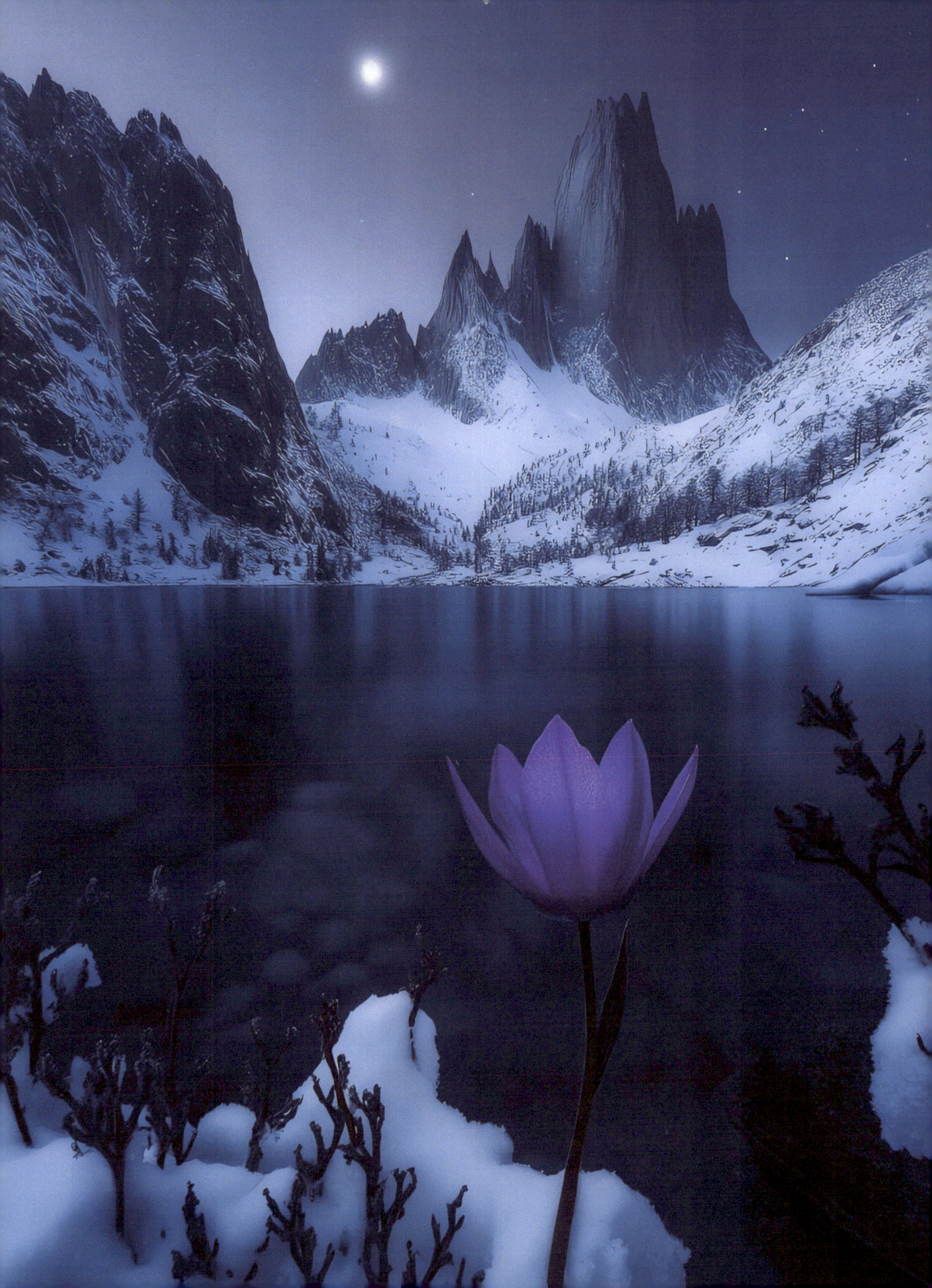

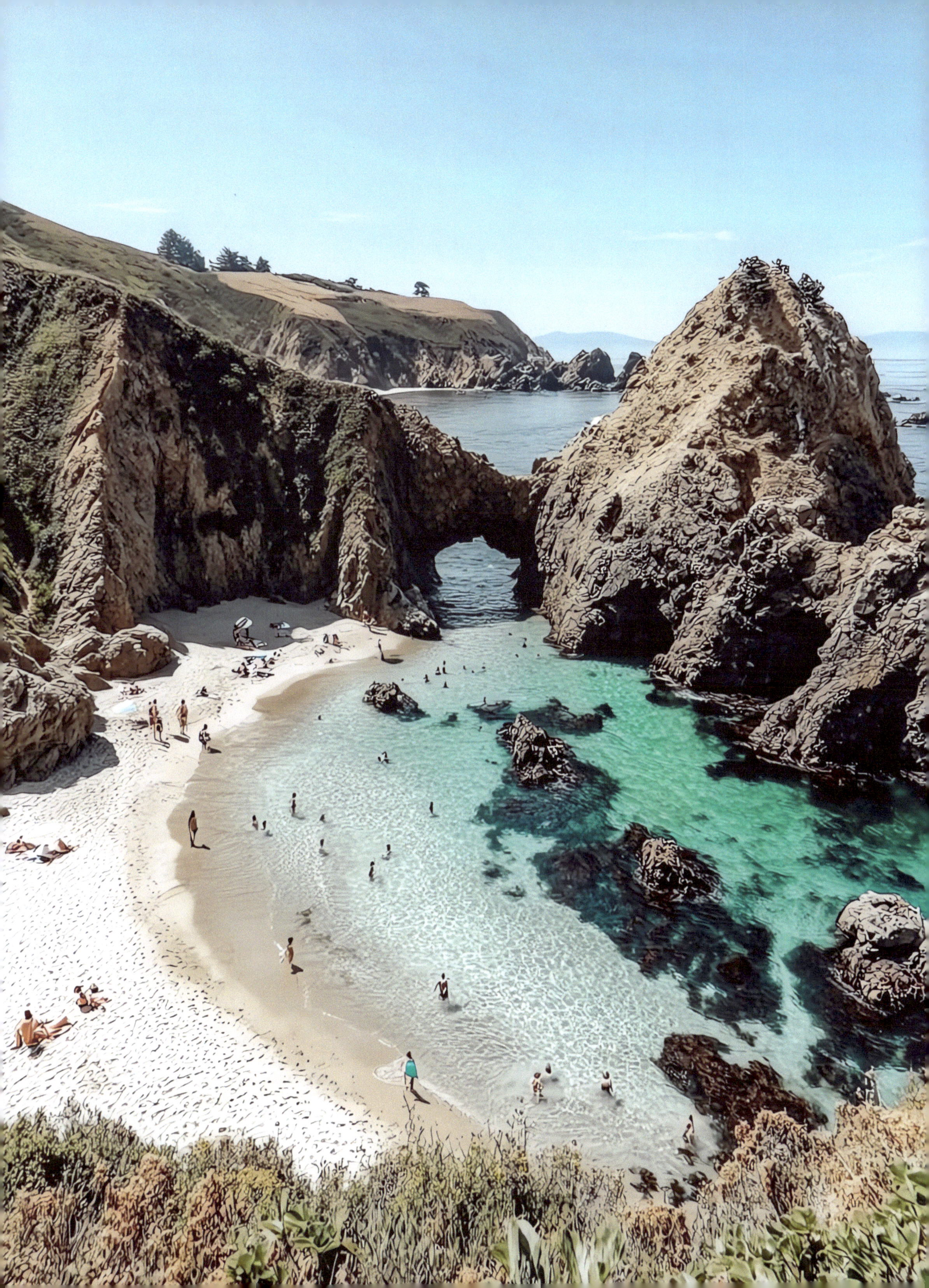

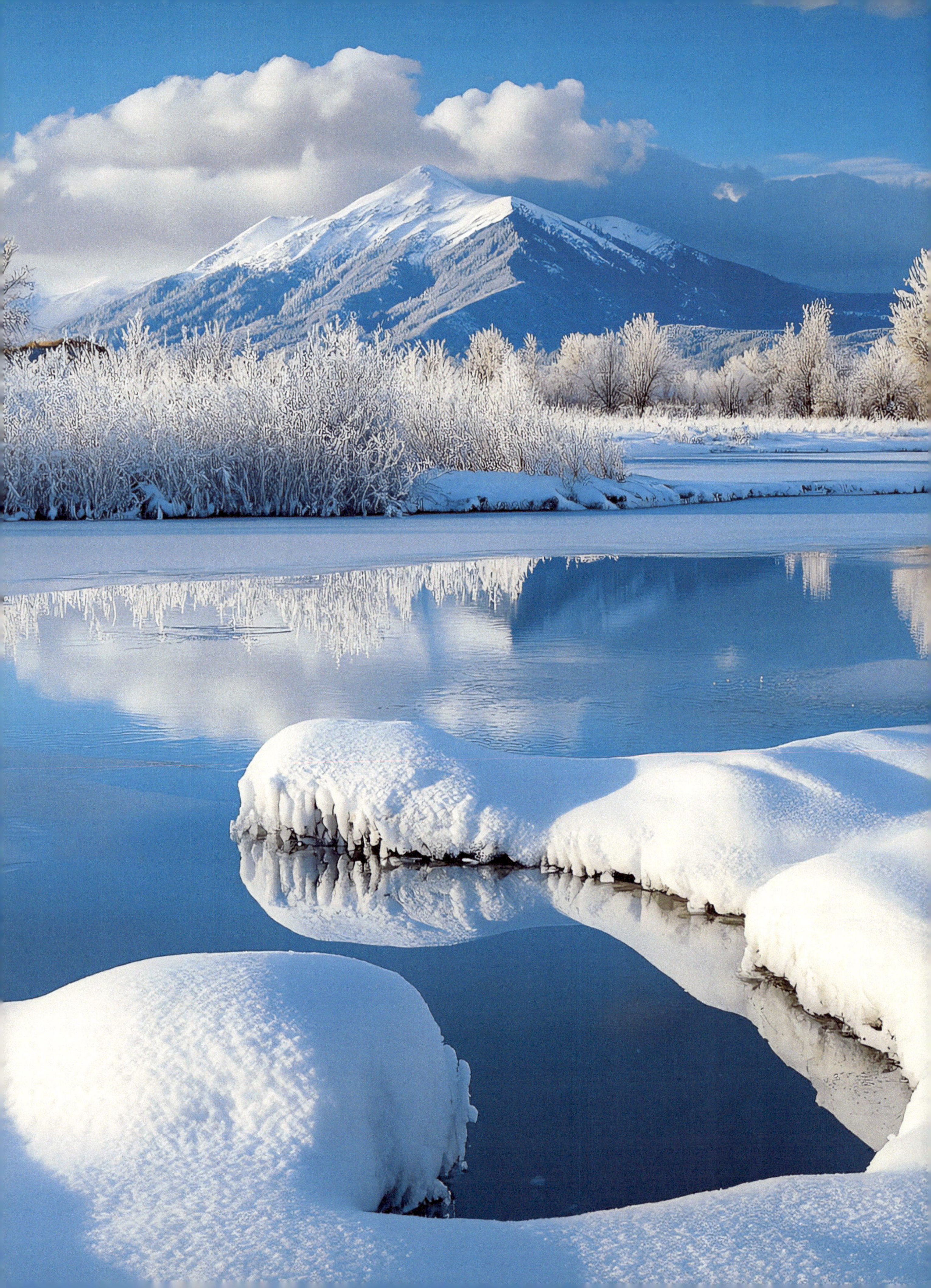

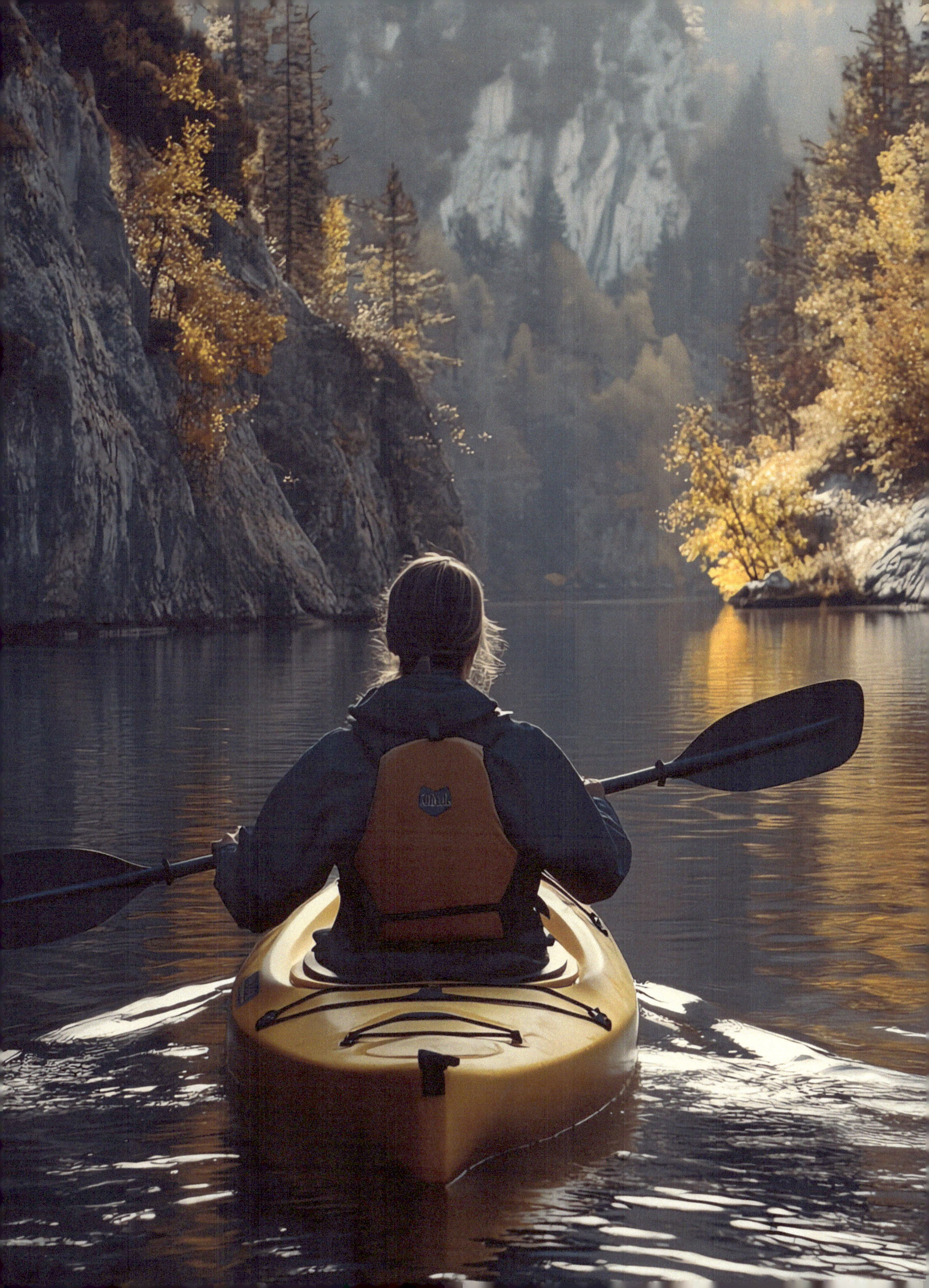

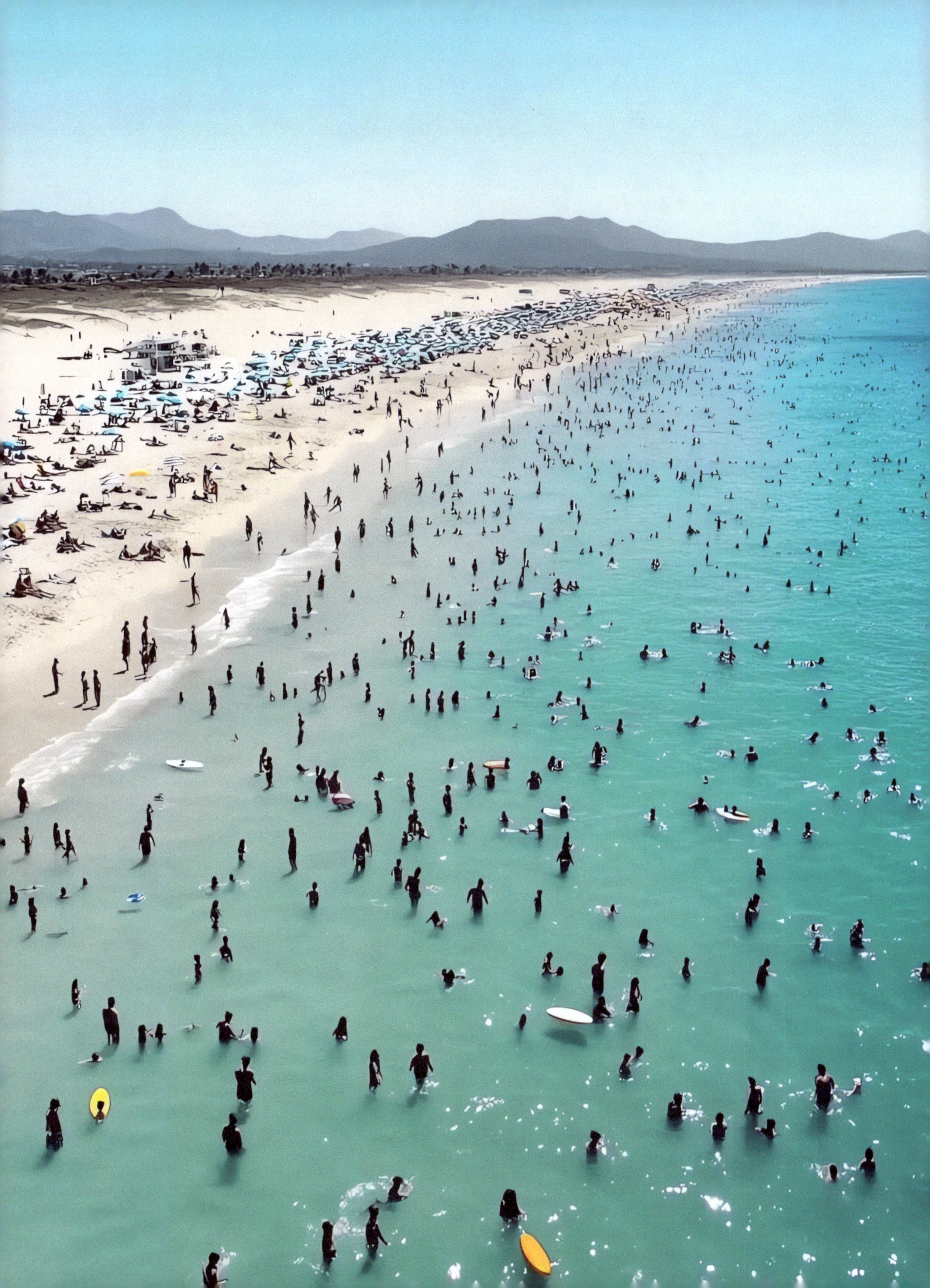

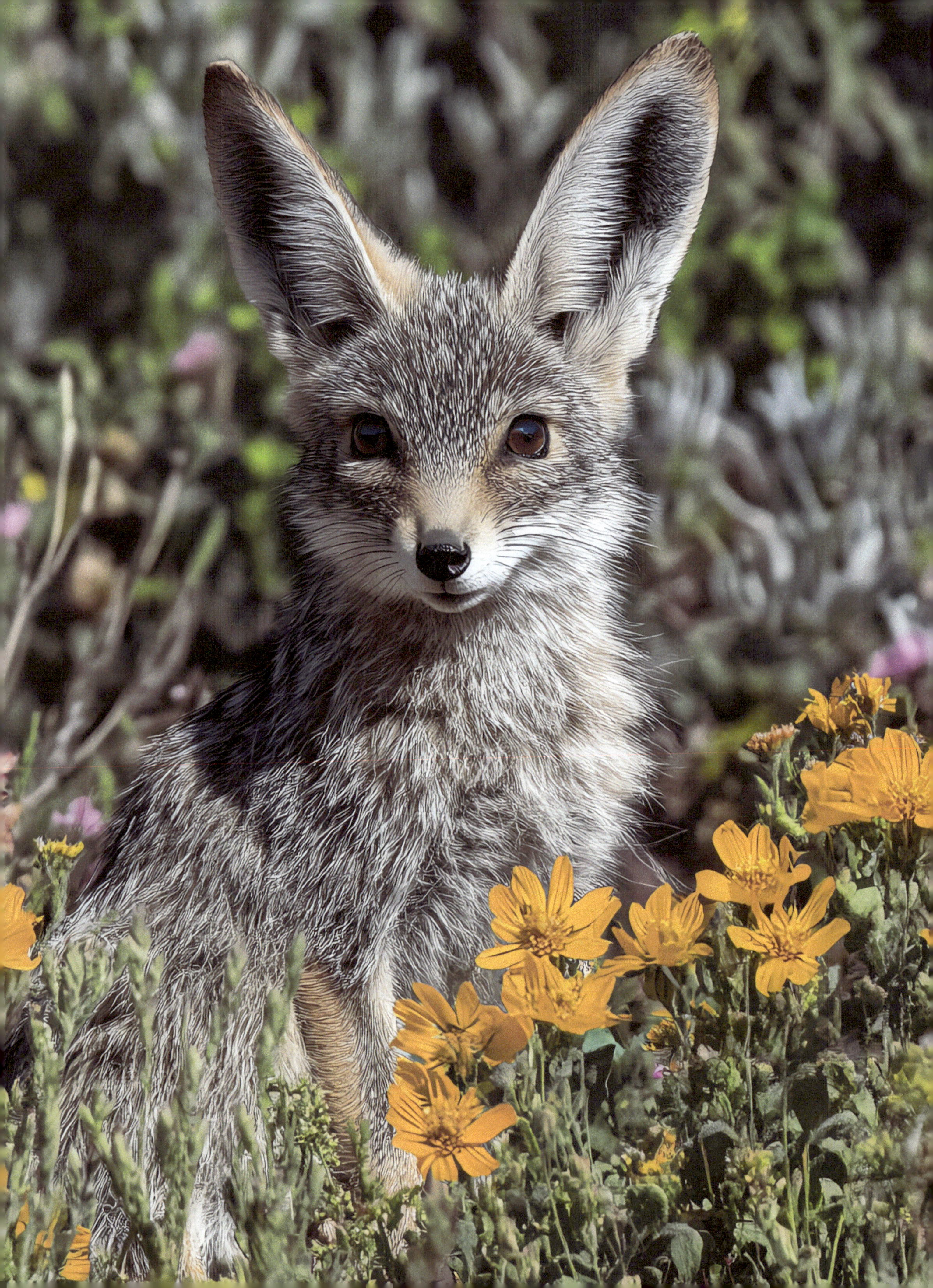

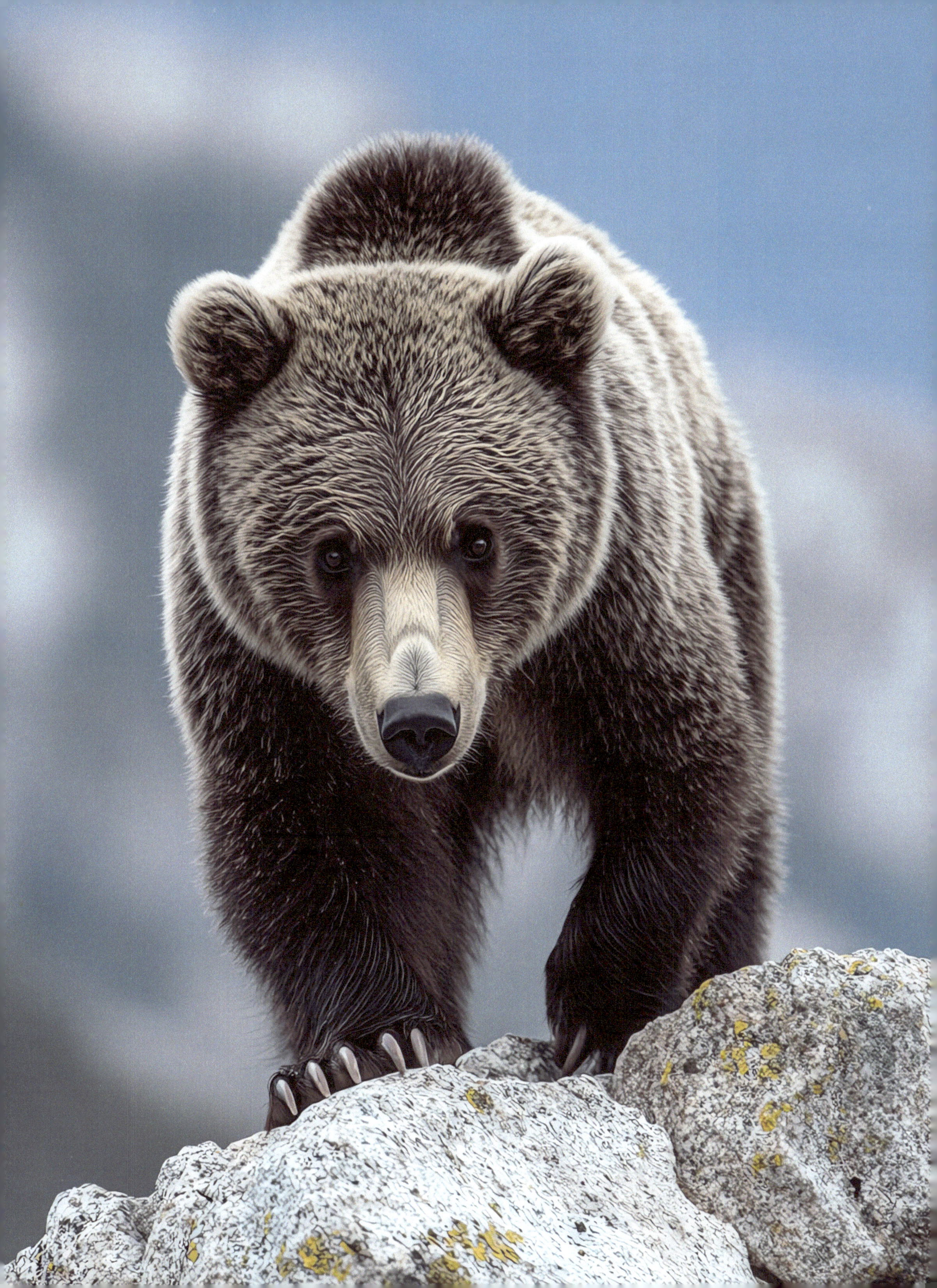

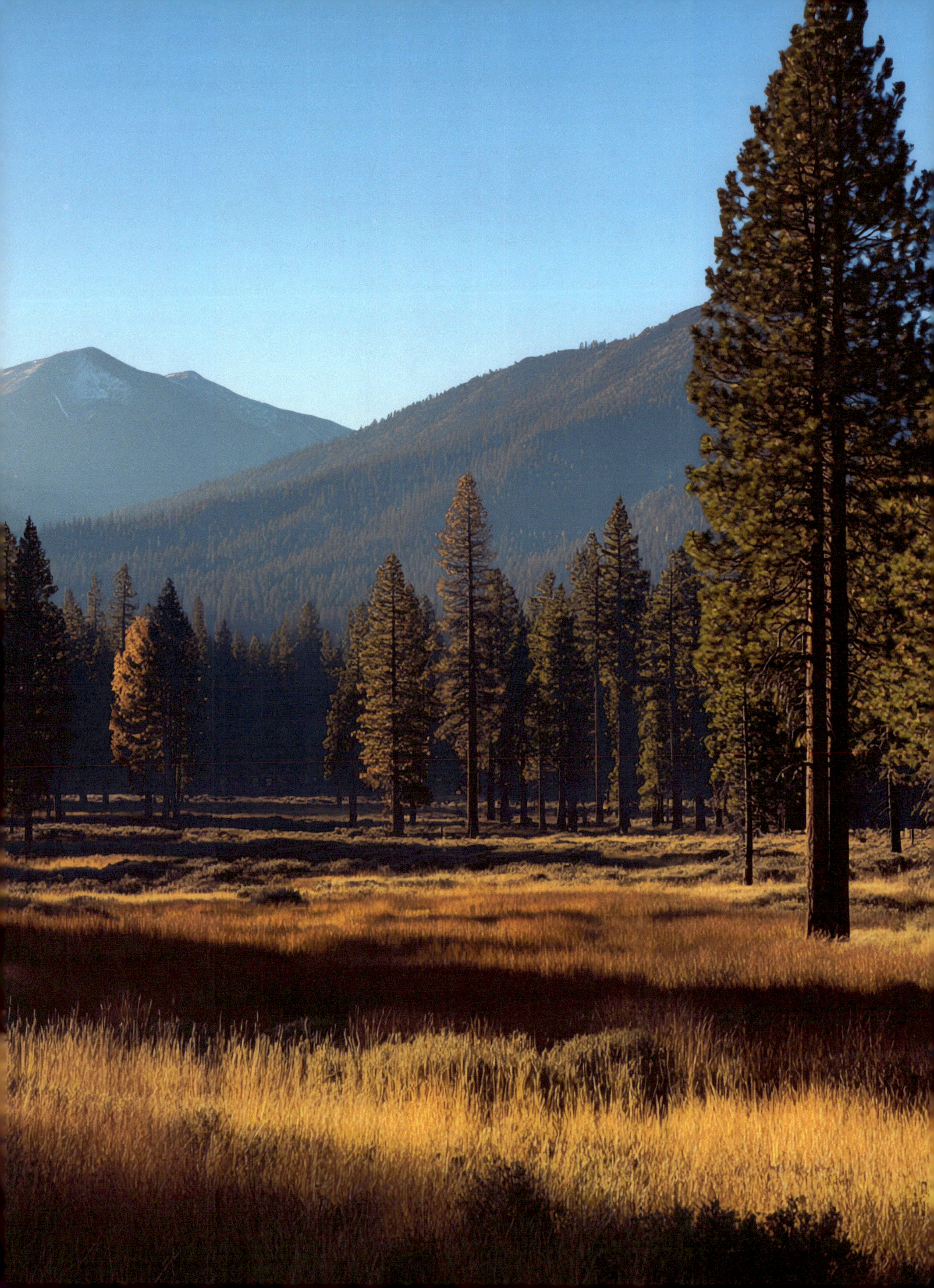

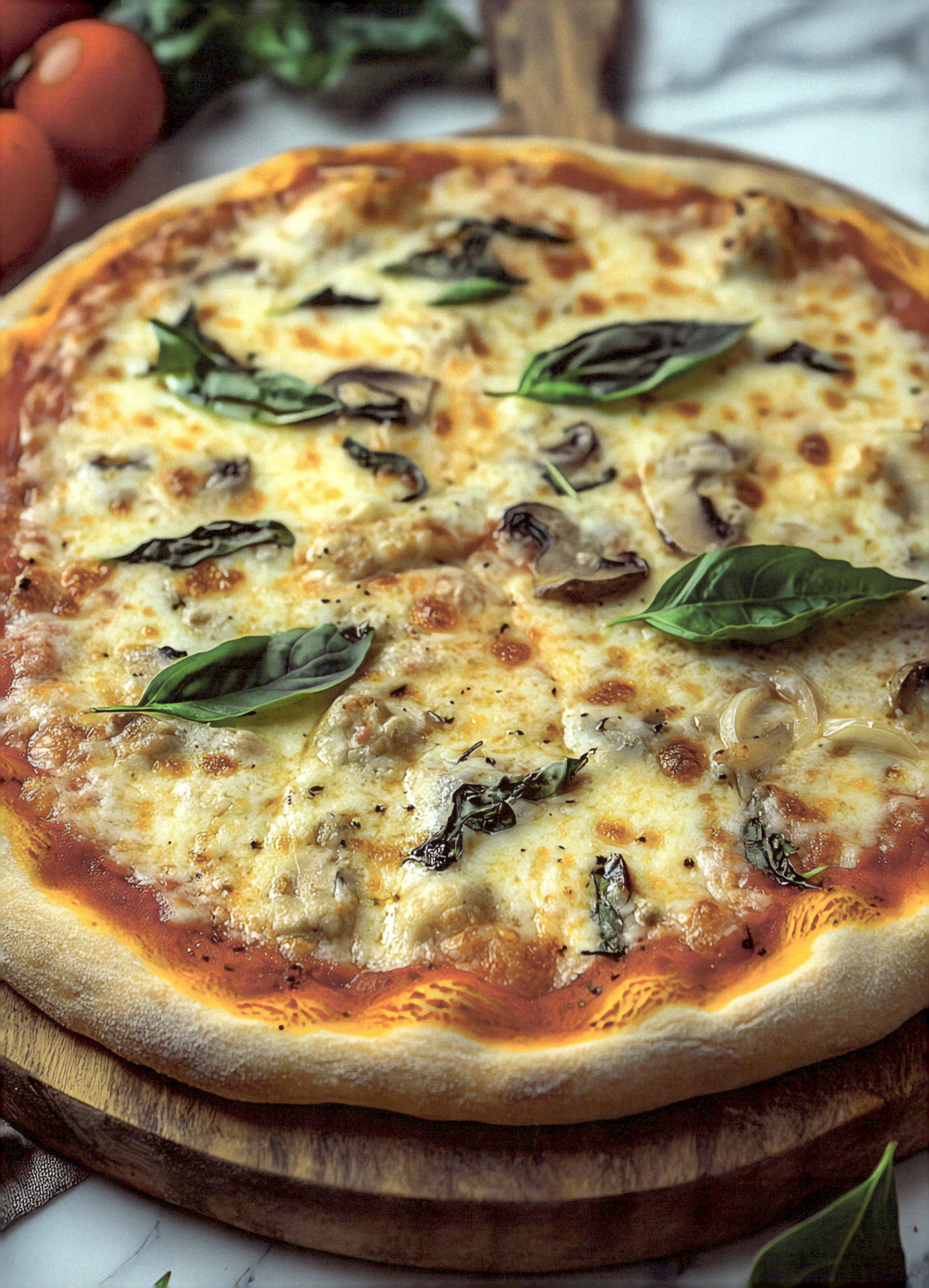

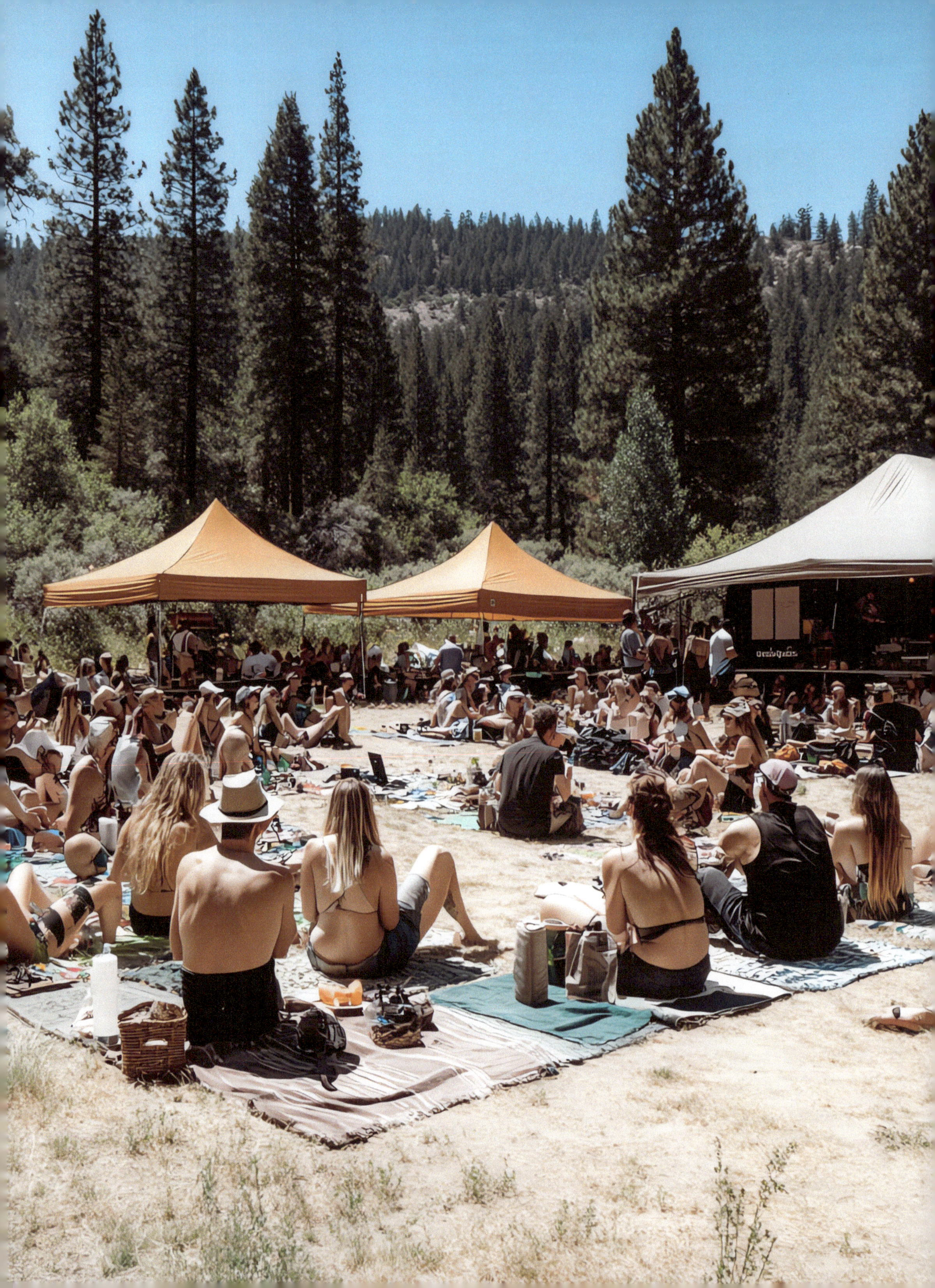

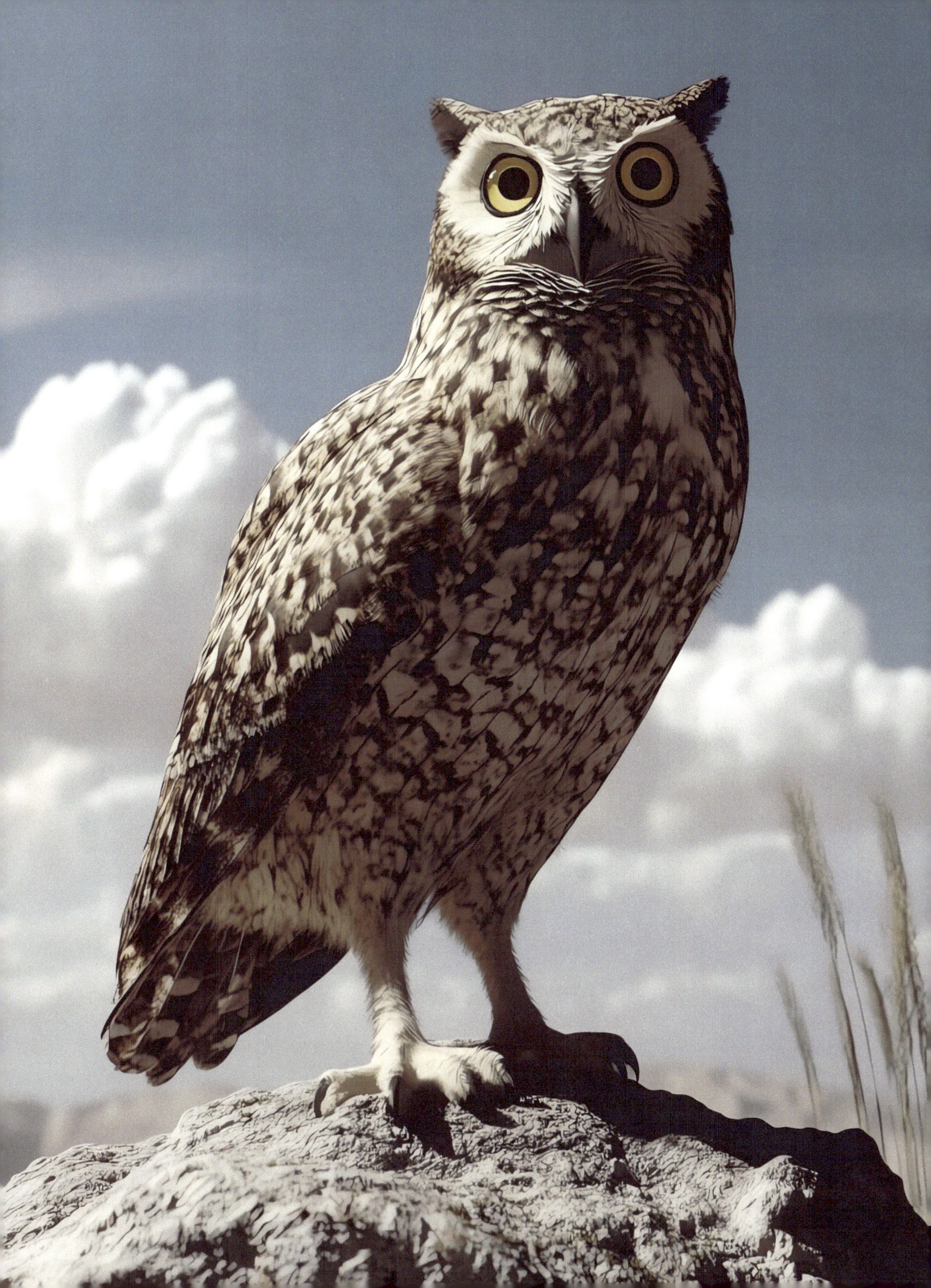

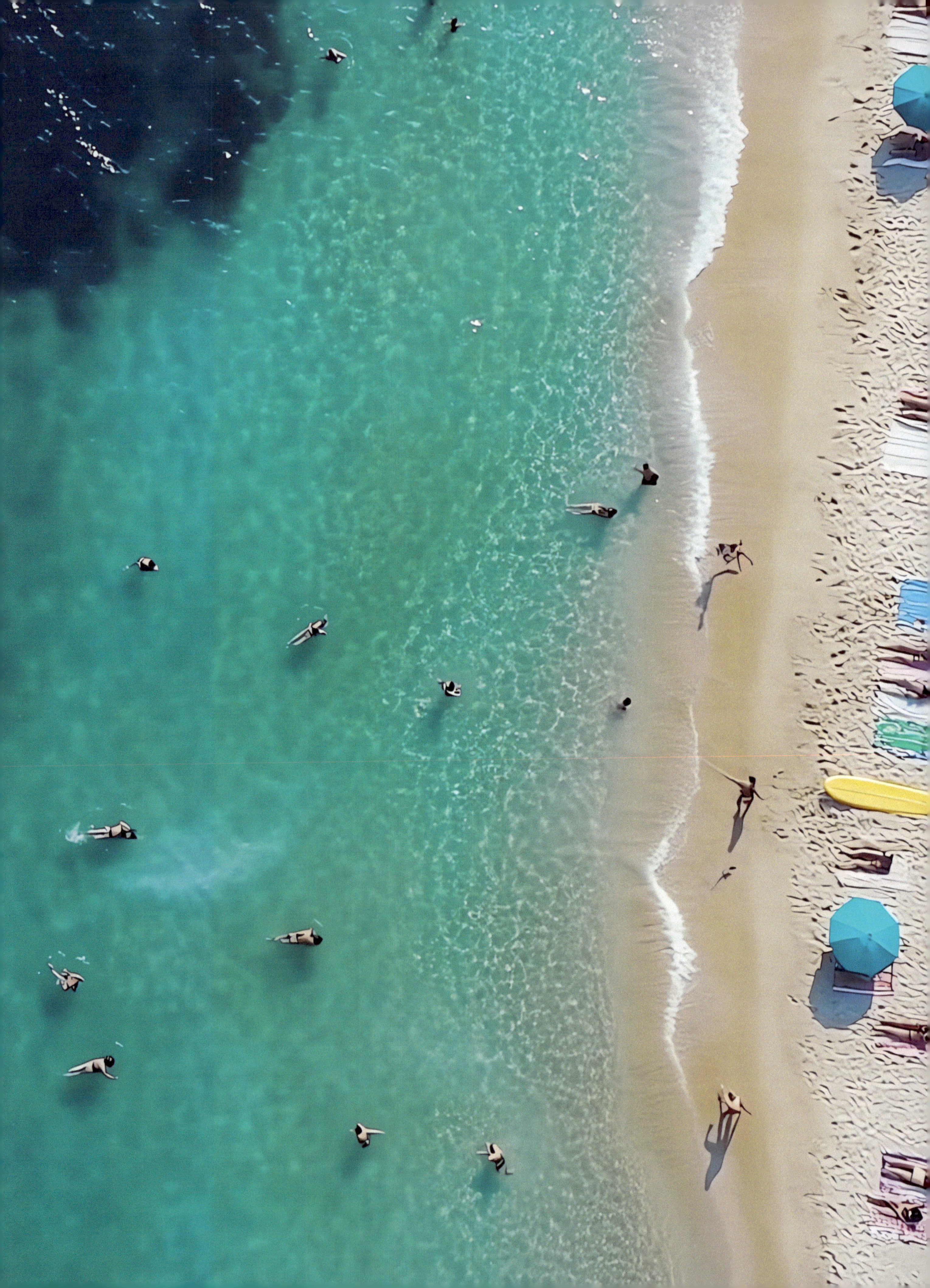

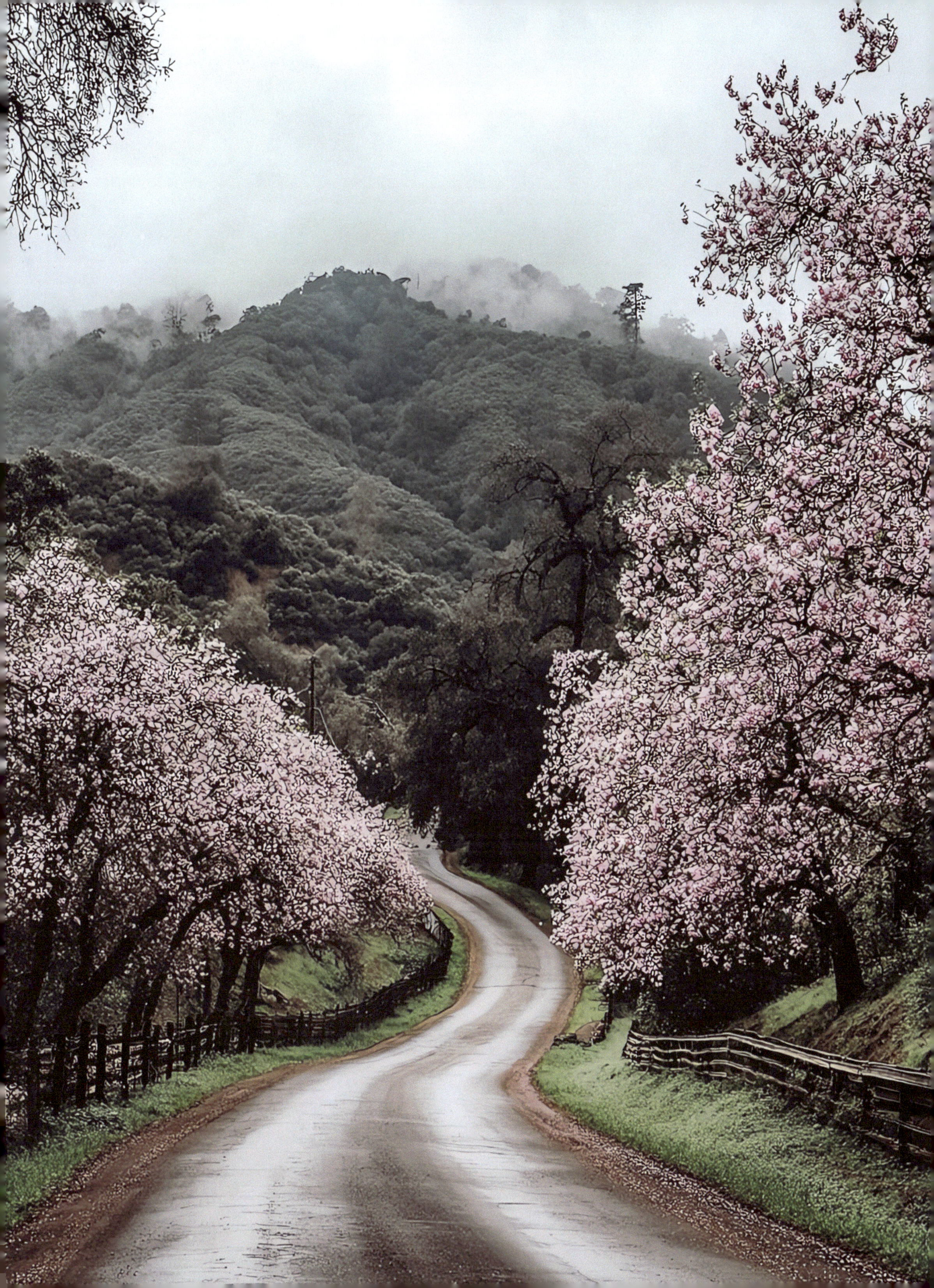

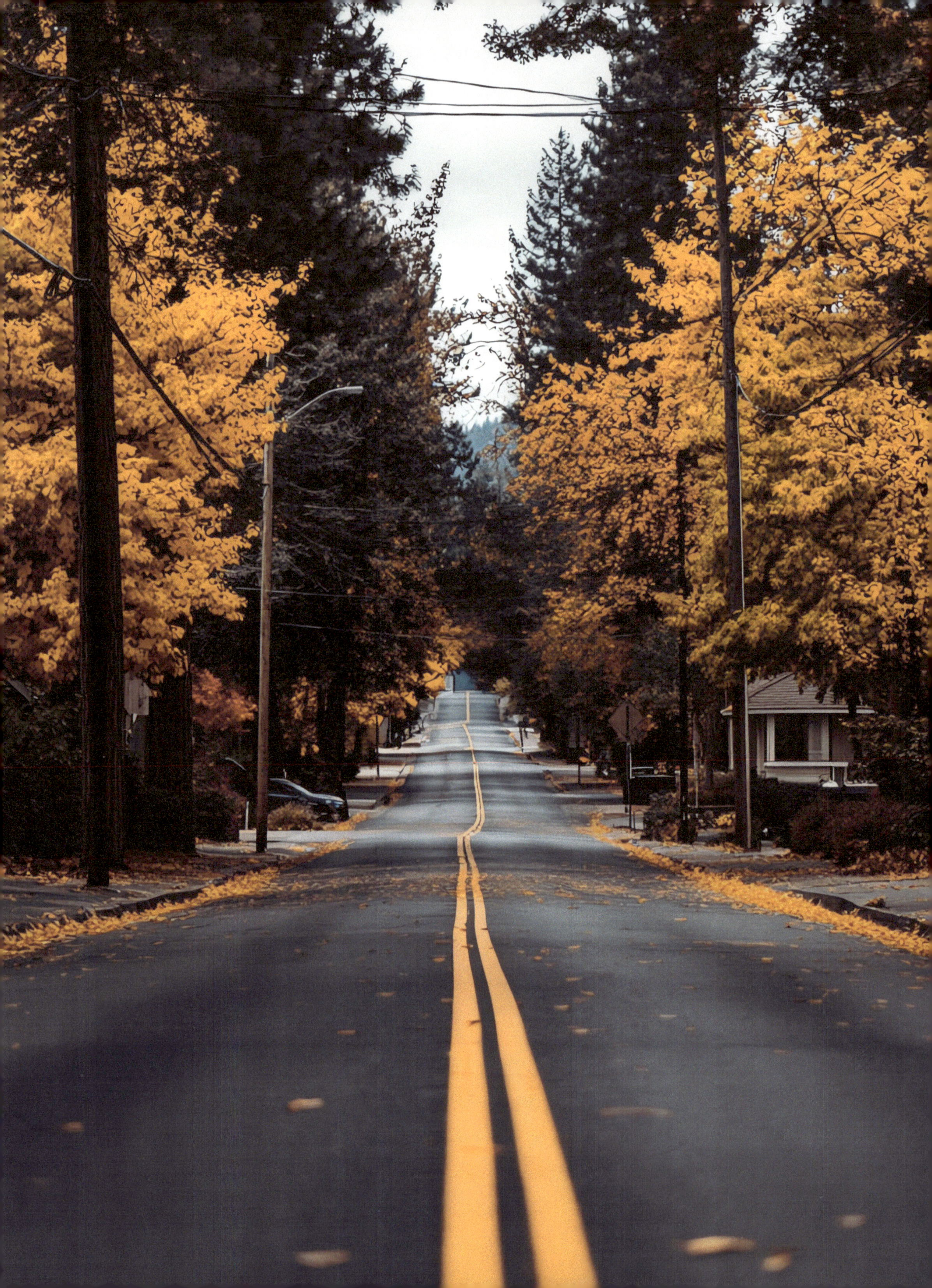

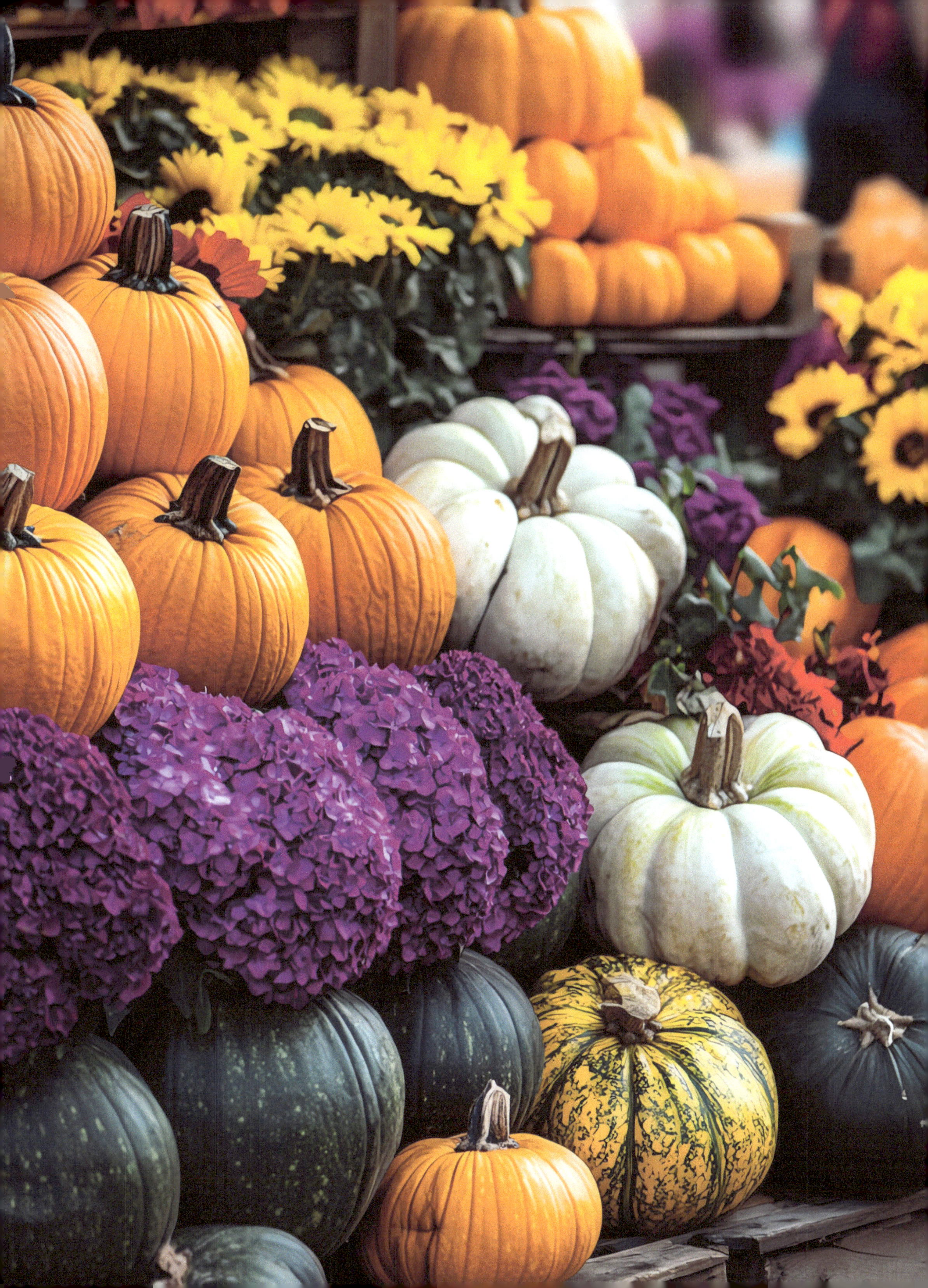

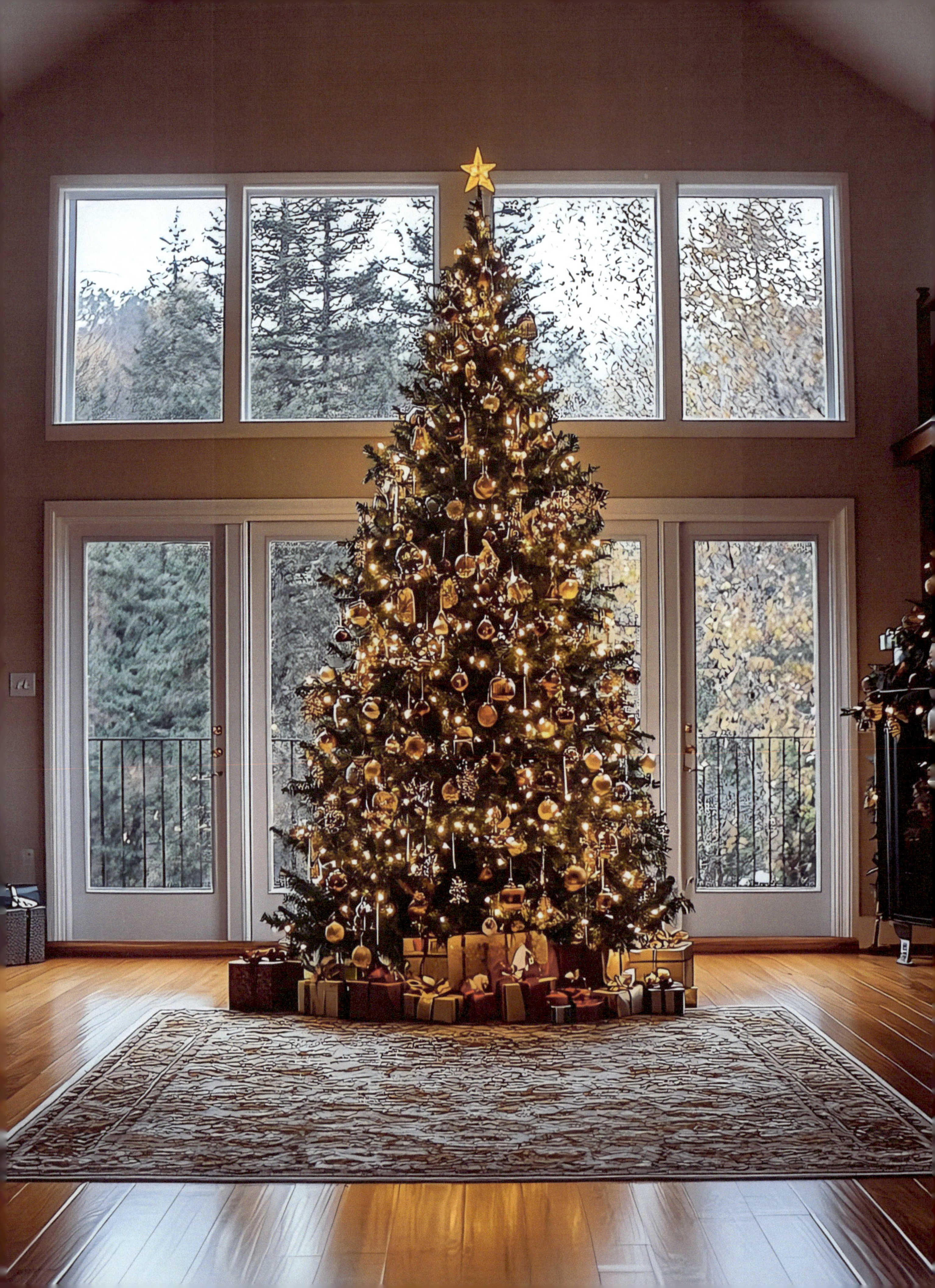

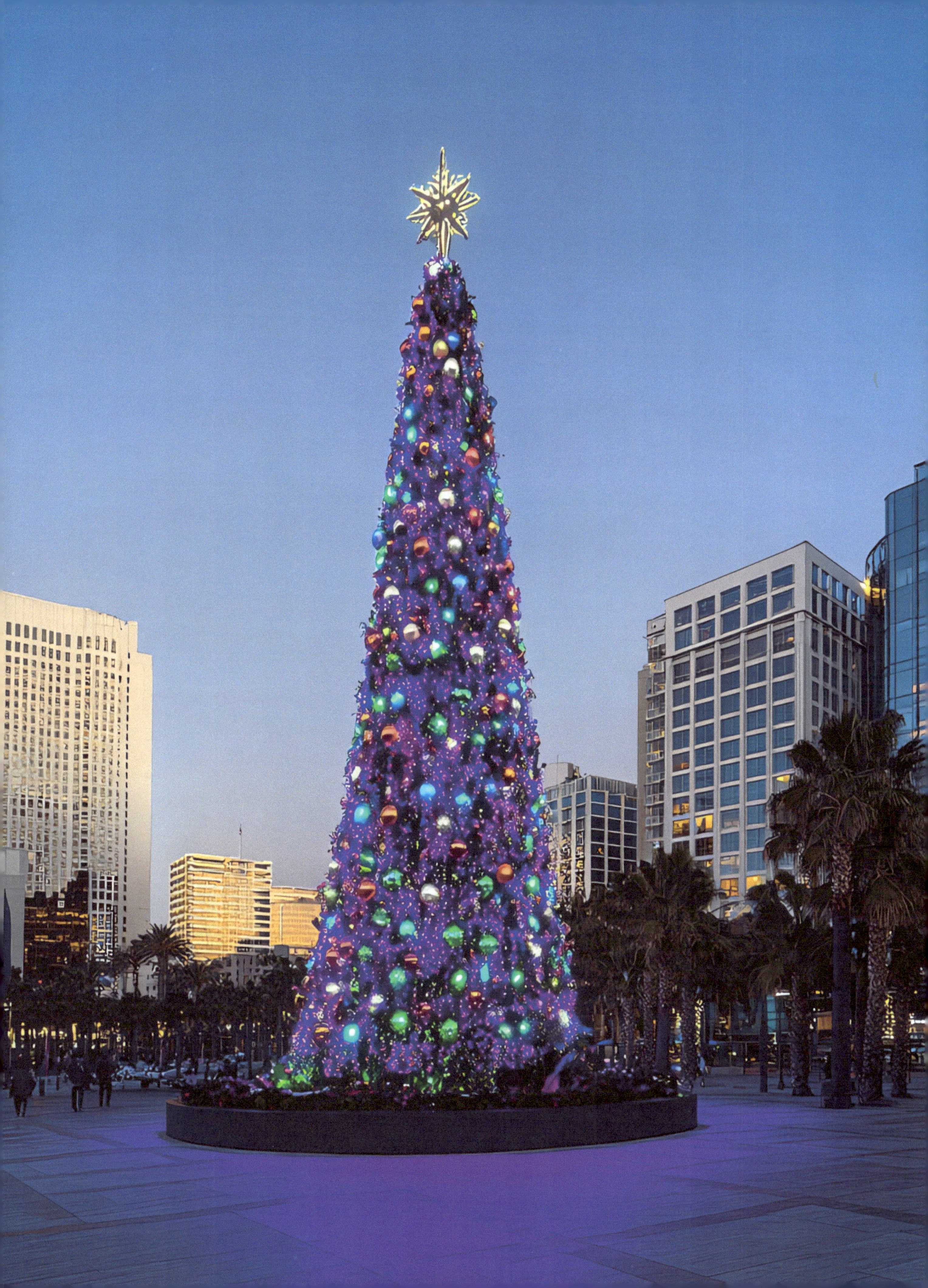

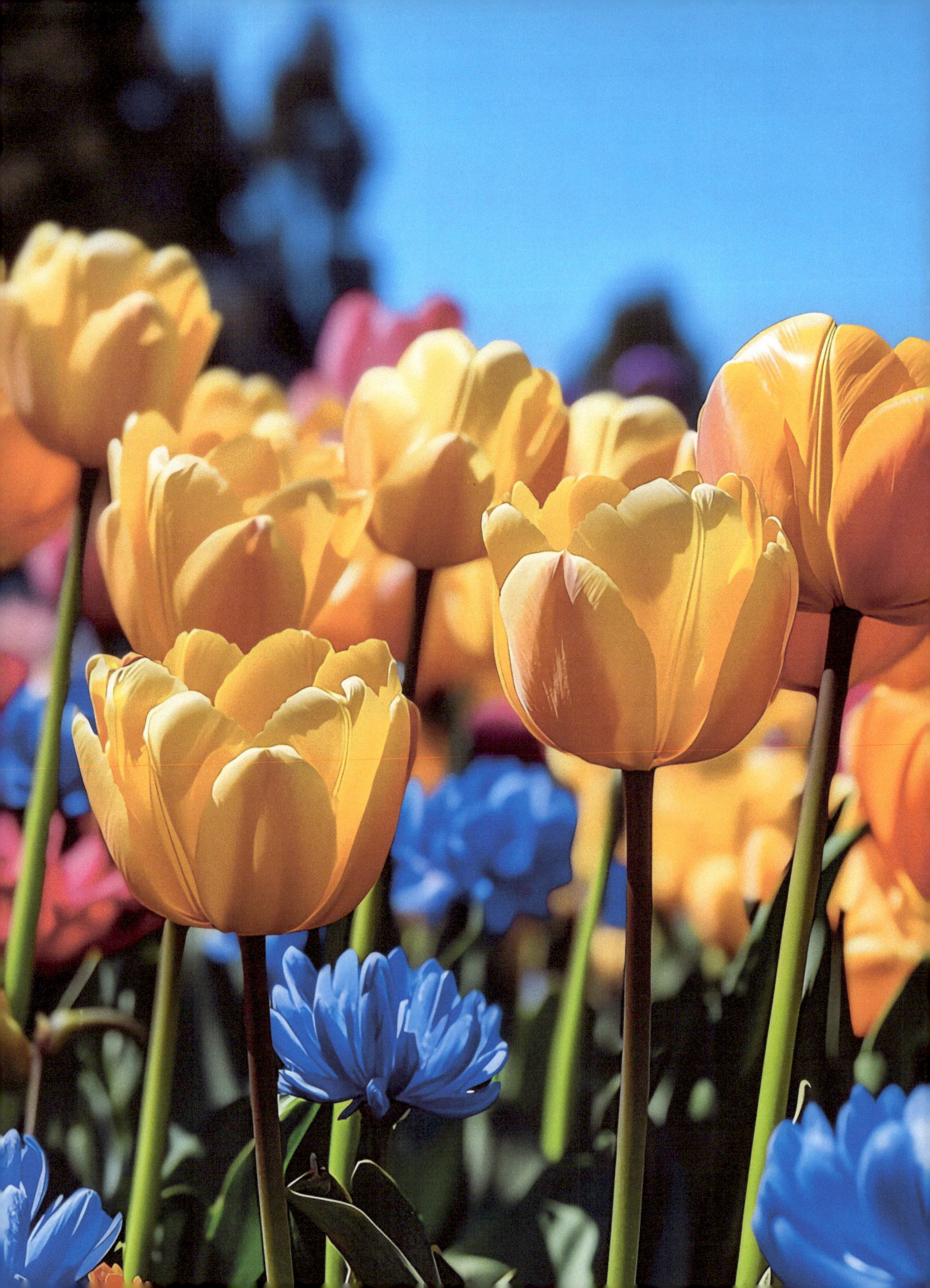

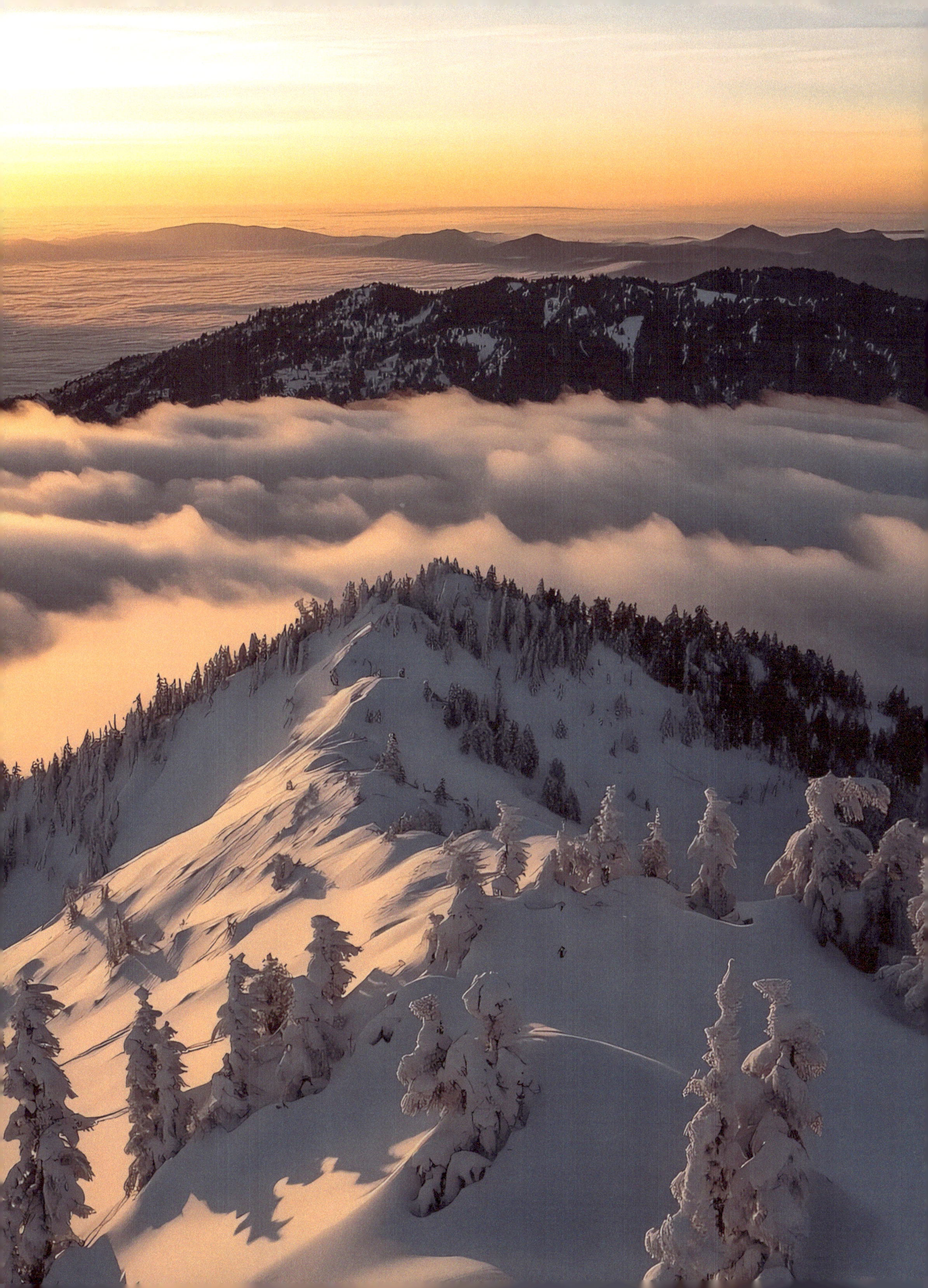

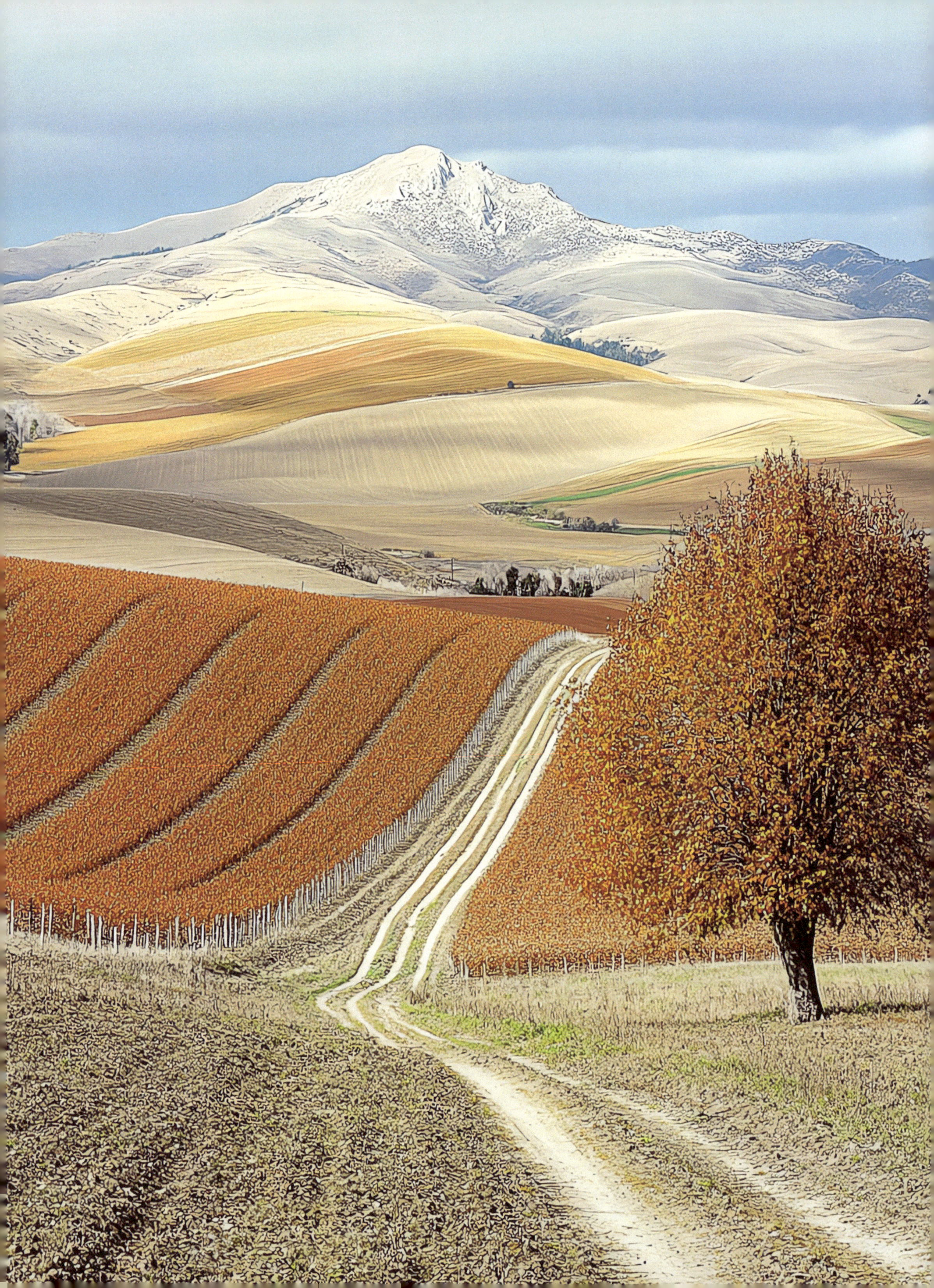

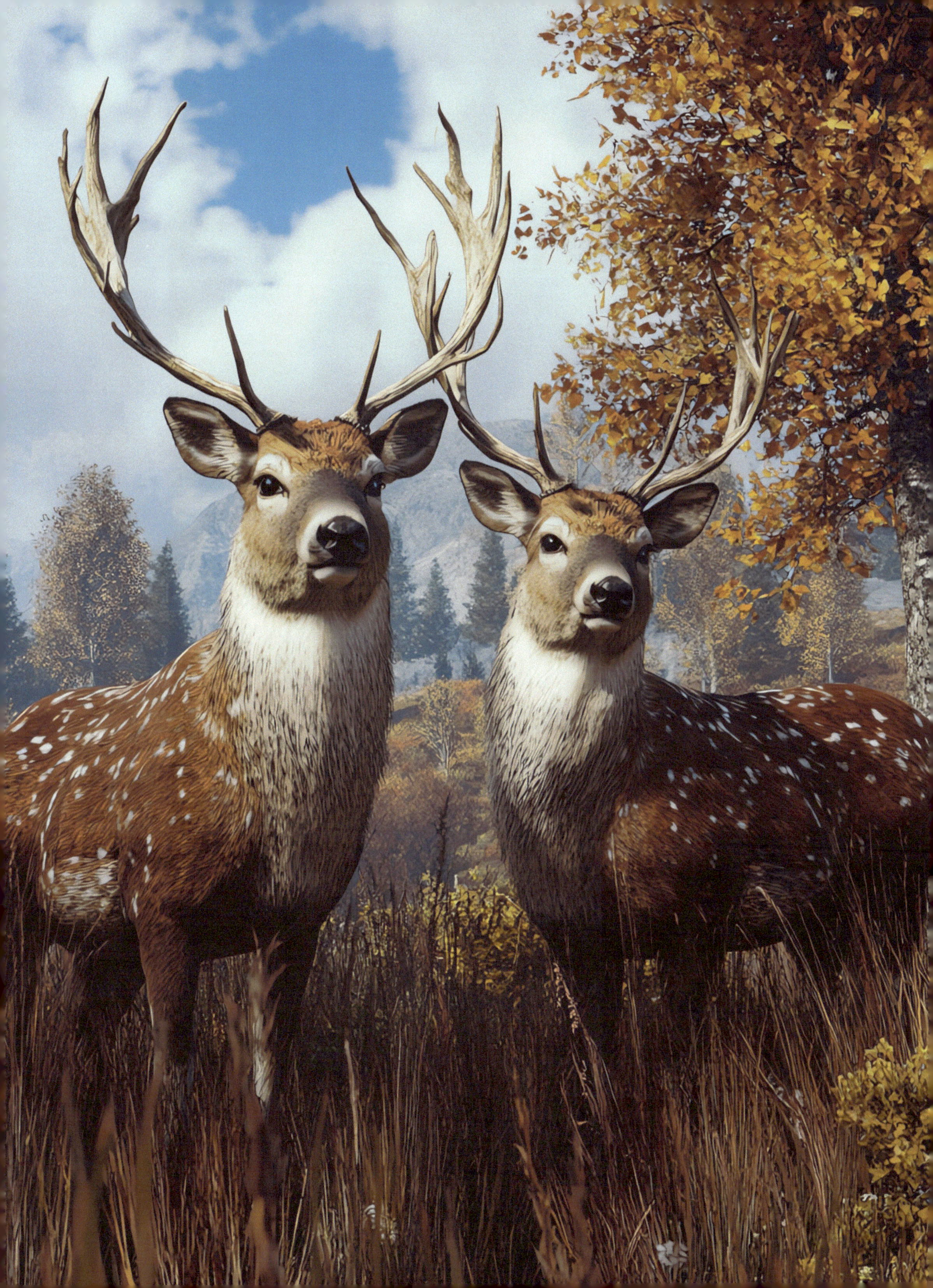

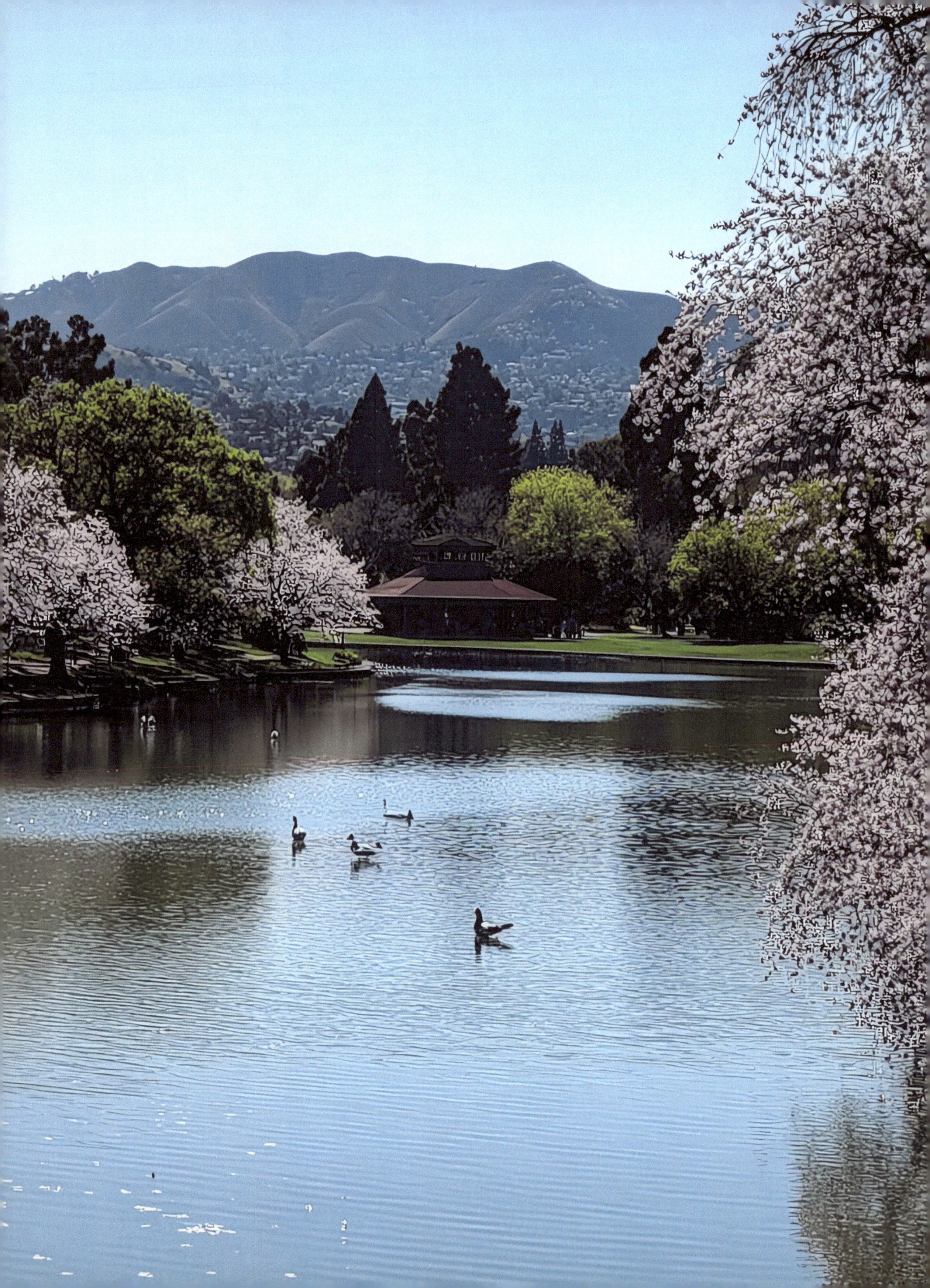

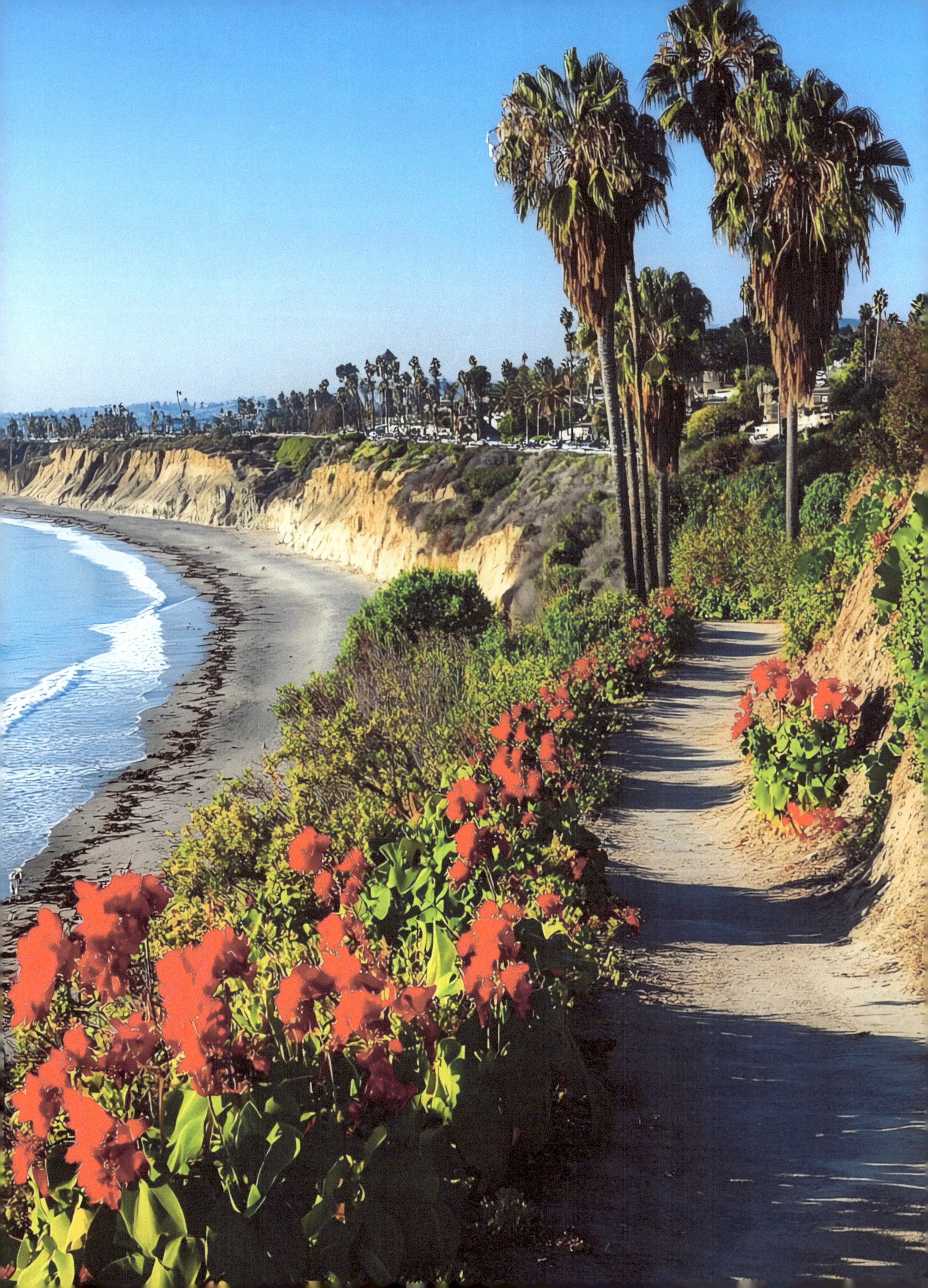

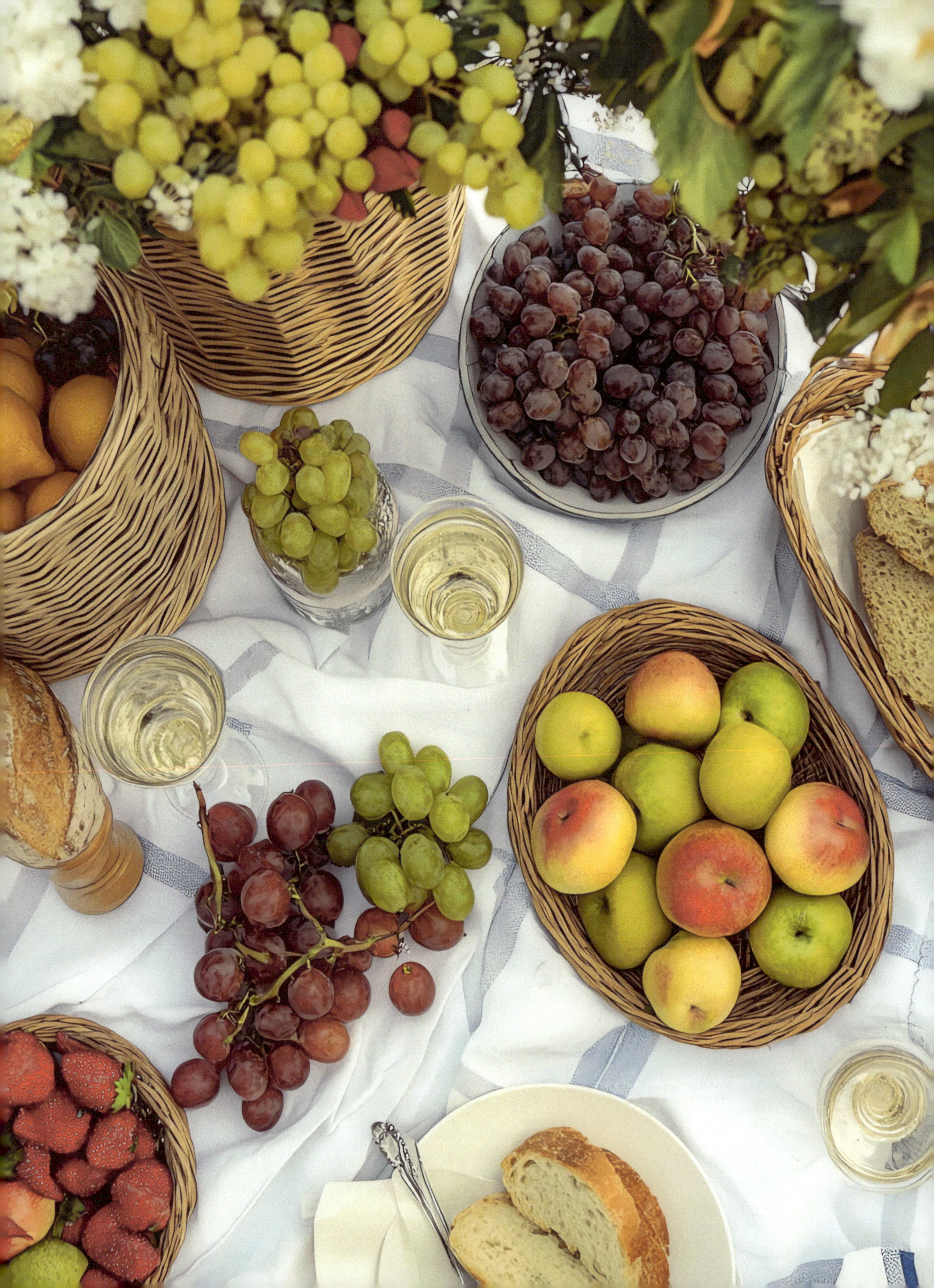

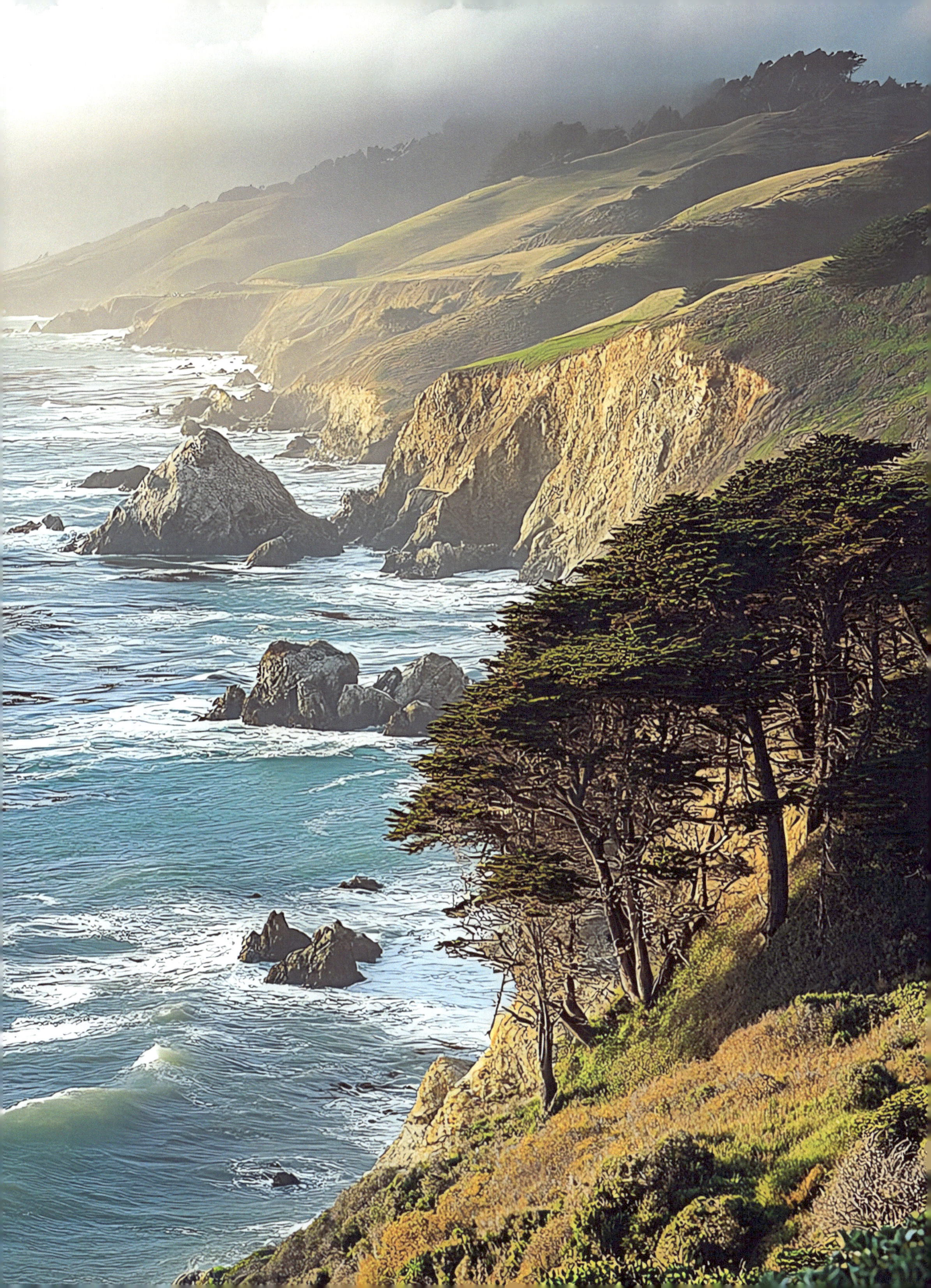

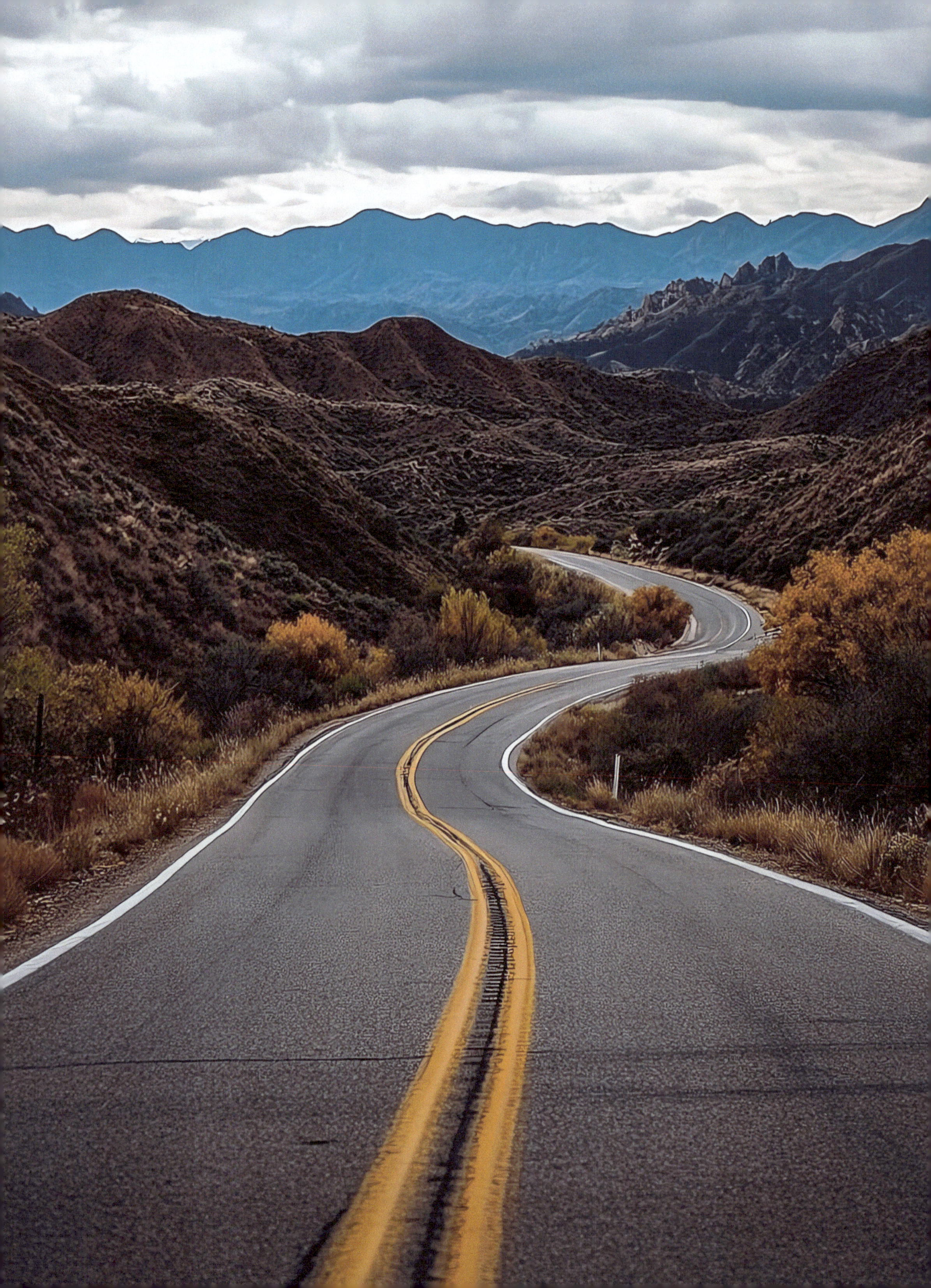

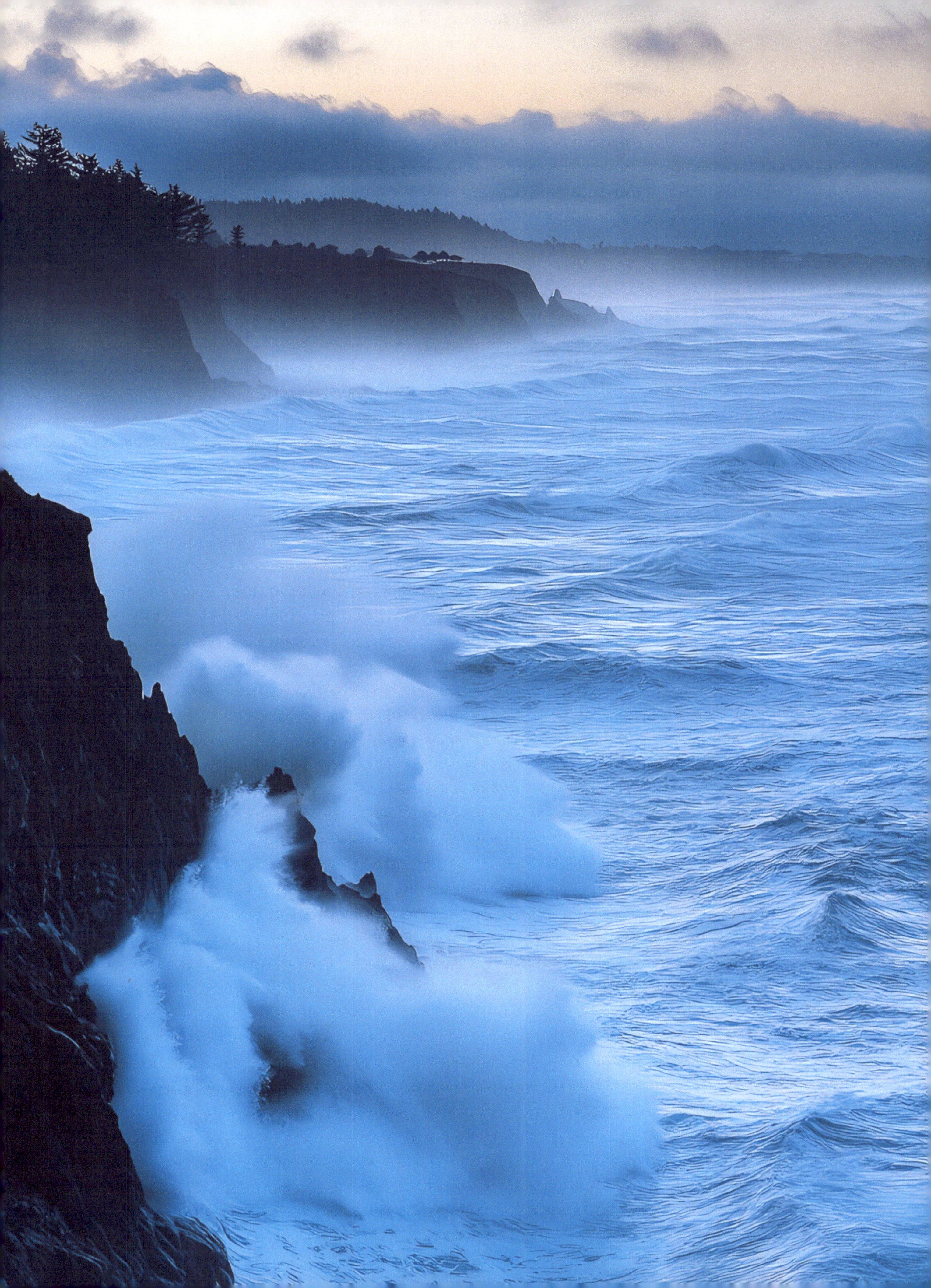

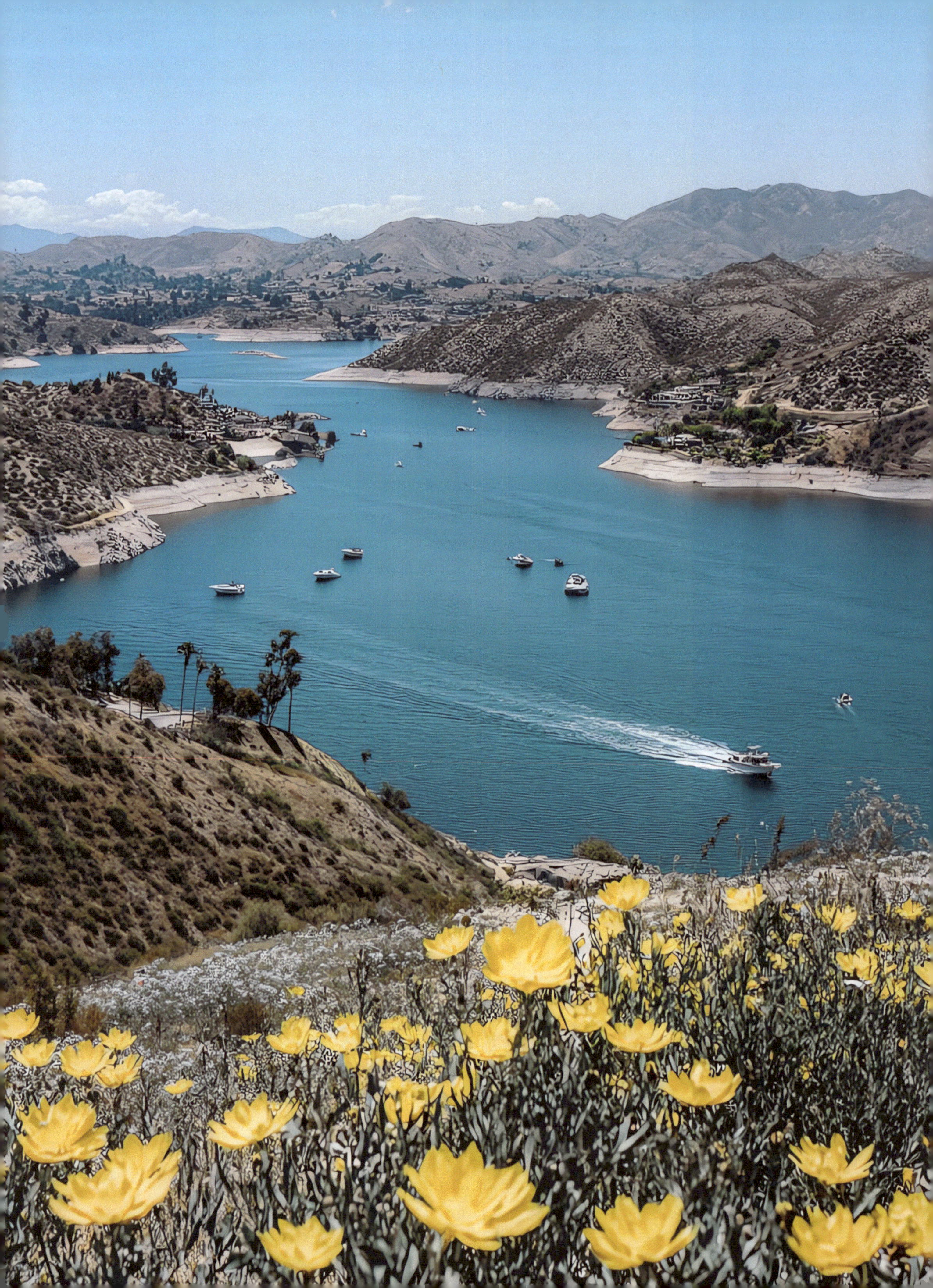

www.ingramcontent.com/pod-product-compliance
Lightning Source LLC
Chambersburg PA
CBHW040448220526
45473CB00004B/1560
* 9 7 9 8 3 0 2 2 7 0 7 2 6 *